Małgorzata Pawlusiewicz

ELEMENTARZ
Mai i Kuby

Podręcznik do nauki
czytania i rozwoju słownictwa
dla dzieci szkół polonijnych

I klasa

*Moim najdroższym wnuczętom - Mai, Zosi i Kubusiowi
oraz całej polonijnej dziatwie
dedykuje Autorka*

SPIS TREŚCI

Samogłoski

A a   E e.................4-7
I i   O o.............8-11
U u / Ó ó   y...............12-15
Ą ą   Ę ę...........17-19

Spółgłoski

L l   S s 20-23
M m   T t 24-27
D d   K k 29-31
J j   C c........... 32-35
N n   G g 36-39
P p   R r 40-43
W w   F f 44-47
B b   Ł ł 48-51
H h   Z z 52-55
Ż ż....................56-59

Sylaby

bia, wia, pia, fia, mia, kia, gia
.................................60-63

Spółgłoski miękkie

si, ci, ni, zi 64-67

Spółgłoski miękkie

ś, ć, ń, ź 68-73

Dwuznaki

Sz sz   Cz cz 74-77
Ch ch 78-81
Rz rz 82-85
Dz dz / Dż dż.......... 87-89
Dź dź / Dzi dzi 90-93

Czytamy i powtarzamy................94-97
Żegnamy cię szkoło.....................98-99
Wakacyjne rady.............................100
Moja pierwsza lektura „Okulary"...101
Rymowanki, wyliczanki, zabawy...102

Ważne wydarzenia w klasie I

1. Ślubowanie........................104-105
2. Święty Mikołaj i choinka....106-107
3. Malujemy pisanki................108-109

Lekcyjne piosenki z CD..........110-112

DRODZY NAUCZYCIELE I RODZICE

Nauka czytania wydaje nam się trudna. Ale ona tylko z pozoru jest trudna. Jak każda technika wymaga określonej ilości ćwiczeń, wytrwałości i niestety żelaznej konsekwencji. Szkoły w krajach zamieszkania naszych dzieci wymagają codziennych ćwiczeń w czytaniu. Aby nasze dzieci polonijne nabrały tych umiejętności, muszą także czytać minimum 15 do 30 minut dziennie.

Trzecie wydanie "Elementarza polonijnego" zostało przygotowane z najwyższą starannością metodyczną i merytoryczną. Gwarantuje bezproblemową naukę czytania.

Zgodnie z zasadami glottodydaktyki wprowadzane są najpierw wszystkie samogłoski, aby łatwiej było dziecku zapamiętać, że każda następna litera jest już tylko spółgłoską.

Z należytą dokładnością utrwalane są wyrazy z tzw. jotą zredukowaną. W sylabach tych dziecko słyszy **j**, ale zapisuje **i** - np: bia, bie, bio, biu, pia, pie, piu, mia, mie, miu, kia, kie, kiu, gia, gie, giu.
Jednocześnie wprowadzane są wyrazy z sylabami otwartymi: sia, cia, nia, zia. Utrwala się wtedy w dziecku automatyzm poprawnego zapisywania spółgłoski miękkiej si, ci, ni, zi przed samogłoską.

Osobny rozdział poświęcam dwuznakom, dbając o to, by te same brzmienia liter h / ch, ż/ rz, były potraktowane osobno i utrwalane jako pewna trudność ortograficzna. Wielość obrazów, szczególnie w początkowych lekcjach ma dać dziecku czas na otworzenie się na komunikację i poznanie wielości słów.

Zdecydowanie podkreślana jest ważność nauki czytania metodą globalną. Dla ułatwienia, poprzedzona jest ćwiczeniami metodą sylabową. Sylabowa czytanka-zgadywanka ma być dla dziecka zabawą w czytanie z równoczesną powtórką znanych lub poznawanych na lekcji słów. Prezentowany układ tekstów, od bardzo prostych do bardziej złożonych, sprawi, że dziecko bez większego wysiłku nauczy się czytać. Rozumienie każdego tekstu powinno być umiejętnie sprawdzone pytaniami nauczyciela i rodzica. Odpowiedź dziecka, w miarę jego możliwości komunikacyjnych, powinna być wyrażona pełnym zdaniem. Będzie wtedy gwarancja, że czytanie jest nie tylko czystą techniką, ale czytaniem ze zrozumieniem. Postępy dziecka w czytaniu powinny być doceniane i nagradzane.

Z życzeniami sukcesów
Autorka

Nasza klasa

Jaki piękny rysunek! Ile kolorów! Jaka jasna klasa!
Czy wszystkie dzieci zajęły już swoje miejsca w ławkach? Kto spóźnił się do klasy?
Jak myślisz, z jakiego powodu dzieci mogły się spóźnić do szkoły?

Nazwij obrazki.
Odszukaj i podkreśl litery **a, e**
Czy we wszystkich nazwach
są te litery?

pl<u>e</u>c<u>a</u>k

teczka

książka

nożyczki

linijka

farby

kredki

gumka

ołówek

Czy wszystkie dzieci uważnie patrzą na swoją panią i na tablicę?
Jakie literki napisała pani na tablicy? Co wisi nad tablicą, a co na ścianach obok?
Co znajduje się na stolikach dzieci? Czego nie powinny dzieci przynosić do klasy?

3 - Kolorowe kredki
str. 110

krzesło

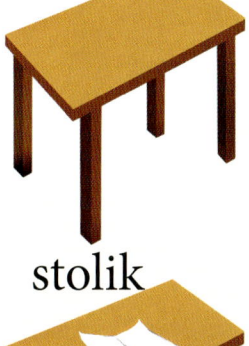
stolik

biurko

mapa

zegar

godło

tablica

alfabet

5

1. Co jest na **a**?

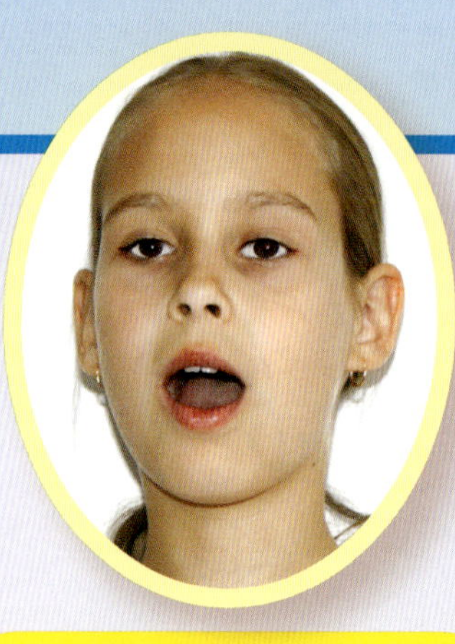

auto

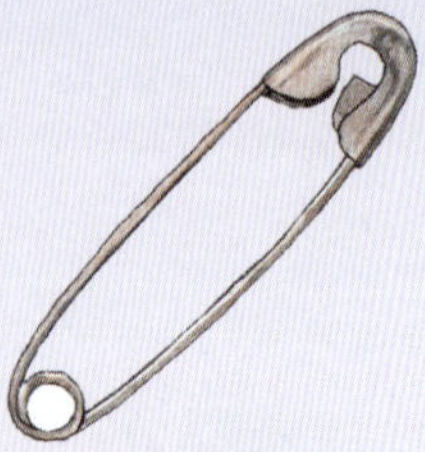

agrafka

A a

arbuz

akwarium

anioł

2. Nazwij obrazek. Wypowiedz tę nazwę wolno, a następnie wypełnij okienko, w którym słyszysz dźwięk litery **a**.

Wzór

ananas

awokado

lala

samolot

6

1. Co jest na **e**?

ekran · ekler  · emu  · Ela  · Eskimos

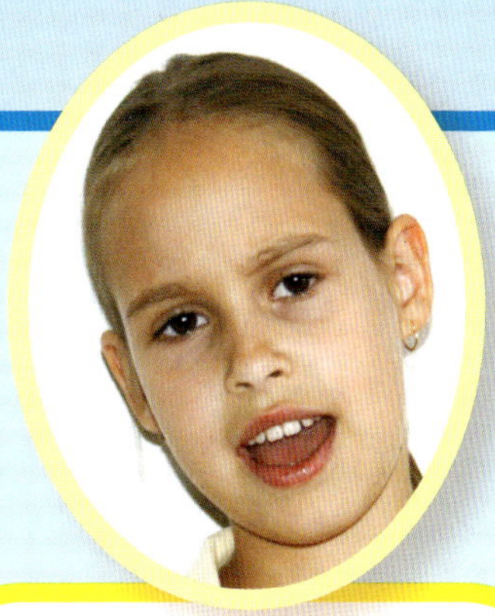

E e

2. Nazwij obrazek. Wypowiedz tę nazwę wolno, a następnie wypełnij okienko, w którym słyszysz dźwięk litery **e**.

Wzór

serce

fotel

delfin

hełm

7

Szkoła w mieście

Jaka kolorowa ulica! Czy jest to miasto, czy wieś?
Odszukaj na tym obrazku szkołę. Co robią dzieci przed szkołą, a co na boisku szkolnym?
Czy one idą do szkoły, czy wracają ze szkoły? Które z nich muszą jeszcze przejść przez pasy?

Nazwij obrazki.
Odszukaj i podkreśl litery **i, o**

szk**o**ła

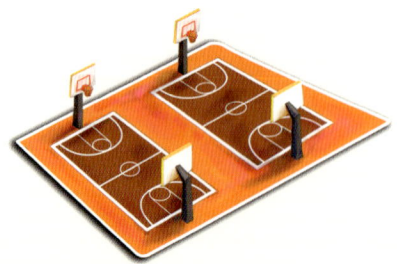
boisko

kosz

uczniowie

wywrotka

ciężarówka

wóz strażacki

Jakie samochody jadą ulicą? Jakie mają kolory? Odszukaj samochód strażacki.
Po czym go poznałaś/eś? Czy ulica ma sygnalizację świetlną? Jaki kolor światła wskazuje?
Czy samochody mogą teraz jechać? Jak powinny zachować się dzieci na przejściu dla pieszych?
Gdzie ukrył się pan policjant? Odszukaj na dużym obrazku hotel, teatr i sklep.

1 - Hymn pierwszoklasisty
str. 110

hotel

teatr

światła i pan policjant

rower

skuter

samochód dostawczy

taksówka

samochód osobowy

motor

9

1. Co jest na **i**?

i

igloo

I i

indyk

Indianin

igła

irys

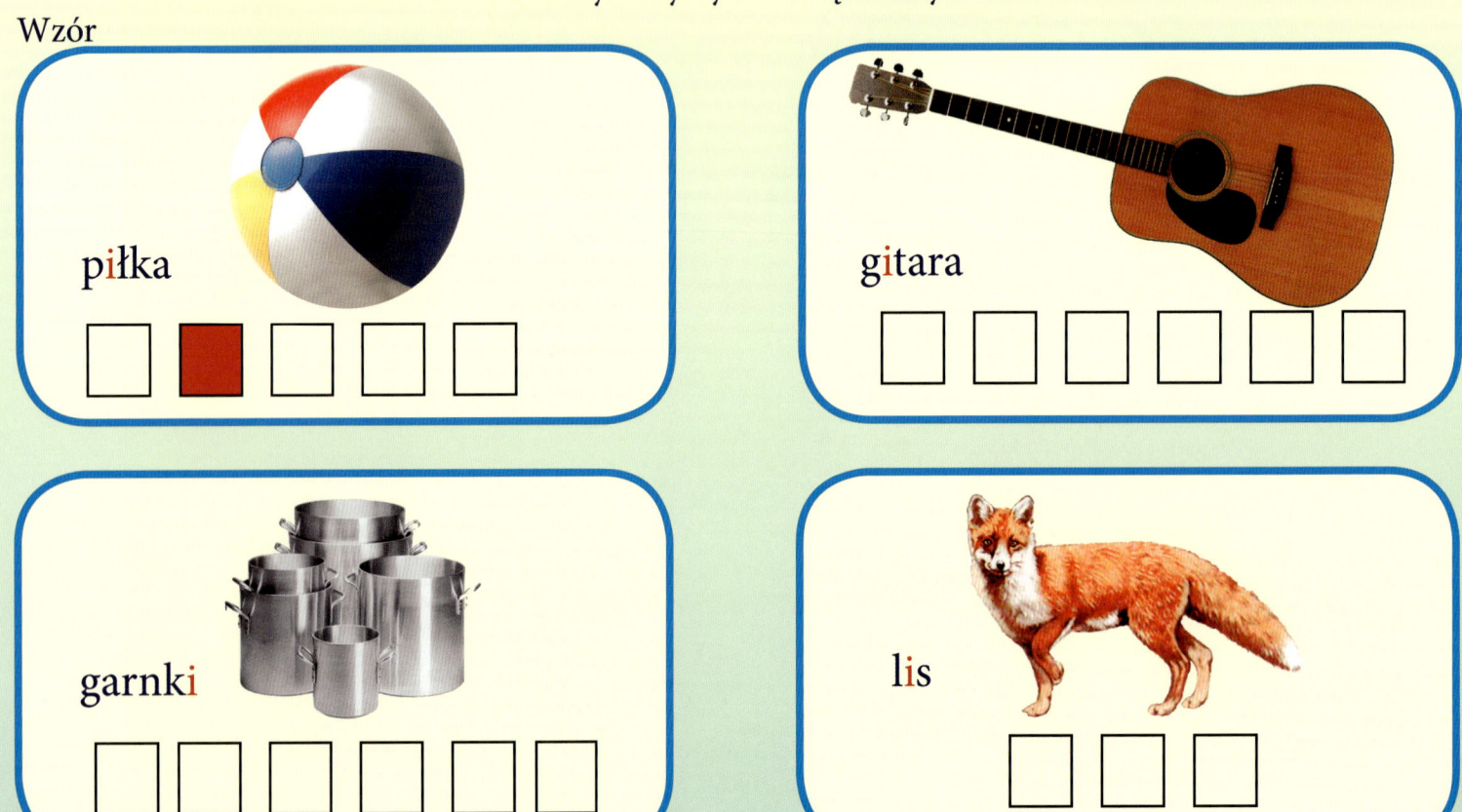

2. Nazwij obrazek. Wypowiedz tę nazwę wolno, a następnie wypełnij okienko, w którym słyszysz dźwięk litery **i**.

Wzór

p**i**łka

g**i**tara

garnk**i**

l**i**s

10

1. Co jest na **o**?

opona

orzechy

O o

owca

osa

osioł

o

2. Nazwij obrazek. Wypowiedz tę nazwę wolno, a następnie wypełnij okienko, w którym słyszysz dźwięk litery **o**.

Wzór

k**o**za

r**o**wer

m**o**tyl

sm**o**k

11

Szkoła na wsi

Czy obrazek przedstawia wieś, czy miasto? Po czym to poznałaś/łeś?
Czy dzieci idą do szkoły, czy wracają ze szkoły? Jeśli wracają do swojego domu, obok czego przechodziły?
Po której stronie obrazka znajdują się domy i kościół, a po której traktor i ule?

Nazwij obrazki.
Odszukaj i podkreśl literę **u**

chm**u**ry

k**u**ra

kog**u**t

h**u**śtawka

uczniowie

ule

Nazwij obrazki.
Odszukaj i podkreśl literę **y**

kot**y**

mysz

12

Co dzieci niosą w dłoniach? Co mogą później zrobić z tymi liśćmi?
Co robią kury i kogut? Jak zachowują się: koza, koty i wiewiórka?
Do czego jest potrzebny rolnikowi traktor i wóz? Co może mamusia zrobić z ogórków?
Jak wyglądałby ten rysunek nocą?

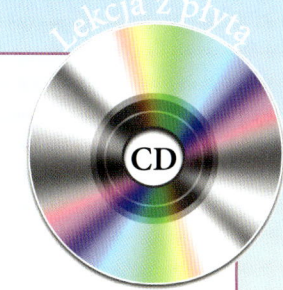

6 - Miała baba koguta
str. 111

Nazwij obrazki.
Odszukaj i podkreśl literę **ó**

kości**ó**ł

wiewiórka

kózka

wóz

dymy

kury

domy

13

1. Co jest na **u**?

uszy

umywalka

U u

ufoludek

uśmiech

ulica

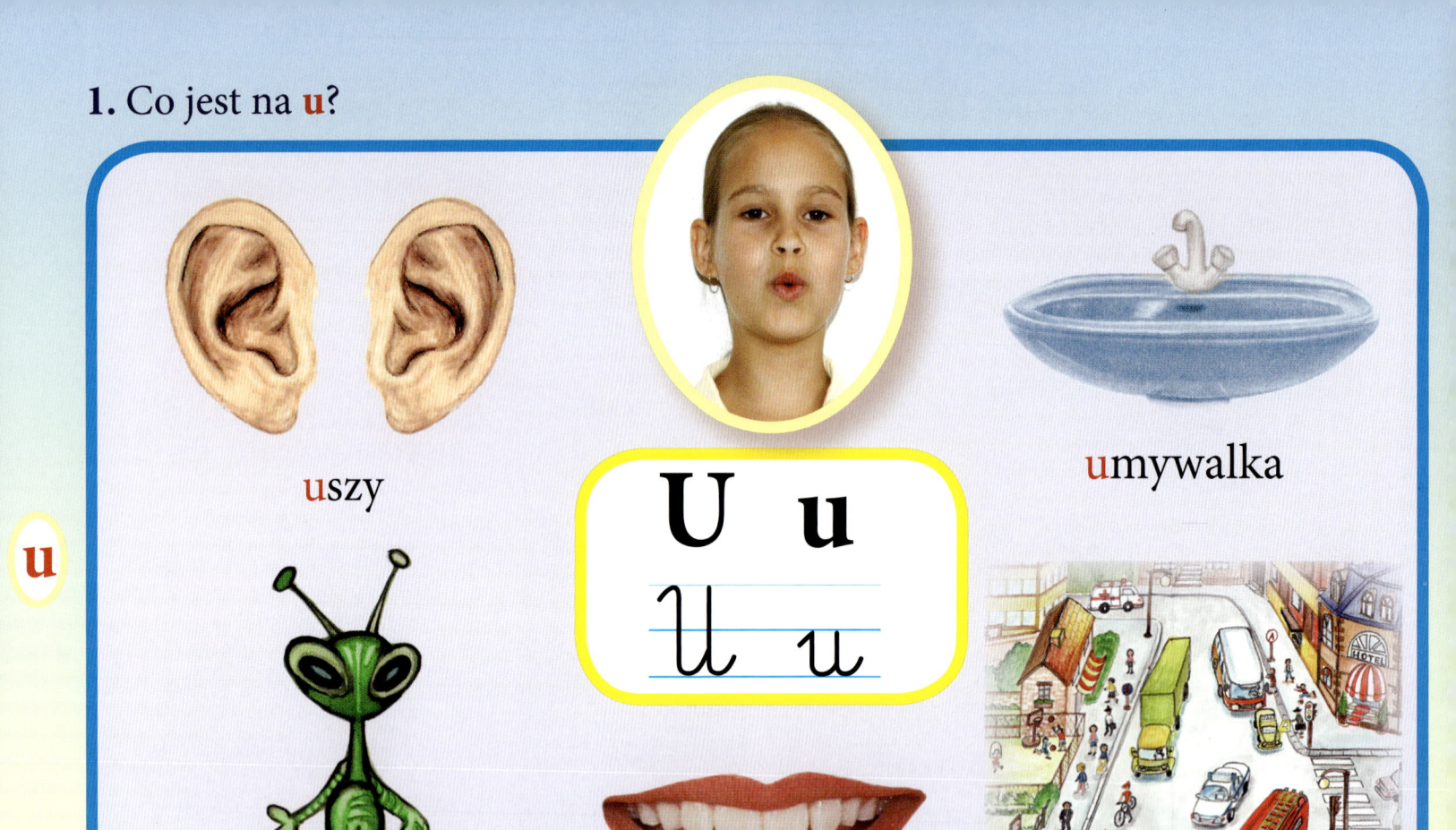

2. Nazwij obrazek. Wypowiedz tę nazwę wolno, a następnie wypełnij okienko, w którym słyszysz dźwięk litery **u**.

Wzór

b**u**ty

b**u**da

kakt**u**s

l**u**stro

14

Dźwięk litery u w niektórych wyrazach zapisujemy jako ó.

Uwaga! W języku polskim nie ma wyrazu zaczynającego się od litery y.

15

Na łące

Wyruszamy z Wojtusiem na piękną łąkę. Ile tu kolorów! Którego koloru jest najwięcej? Co jest w kolorze zielonym, co w białym, co w czerwonym? W jakich kolorach jest źrebię i cielę? Wymień nazwy wszystkich zwierząt, które widzisz na obrazku. Odszukaj dwa pająki i gąsienicę.

Nazwij obrazki.
Odszukaj i podkreśl litery **ą, ę**

wąż

zając

gąsienica

pająk

gołąb

trąbka

książka

pociąg

16

Co robi Wojtuś? Jak zachowują się zwierzęta? Które zwierzątko bardzo uważnie słucha dźwięków trąbki? Przyjrzyj się dokładnie tej części obrazka, w której jest pociąg. Zastanów się, dlaczego pociąg nie może jechać dalej? Co urośnie ze źrebaka, cielęcia, prosięcia? Do czego służy wędka? Które ze zwierząt widocznych na obrazku może być niebezpieczne dla człowieka?

wędka

bębenek

ręka

cielę

źrebię

prosię

gęś

łabędzie

17

POZNAJEMY LITERY ą, ę

Co jest z literą ą?

Nazwij obrazek. Wypowiedz tę nazwę wolno. Wpisz w odpowiednie okienko literę ą.

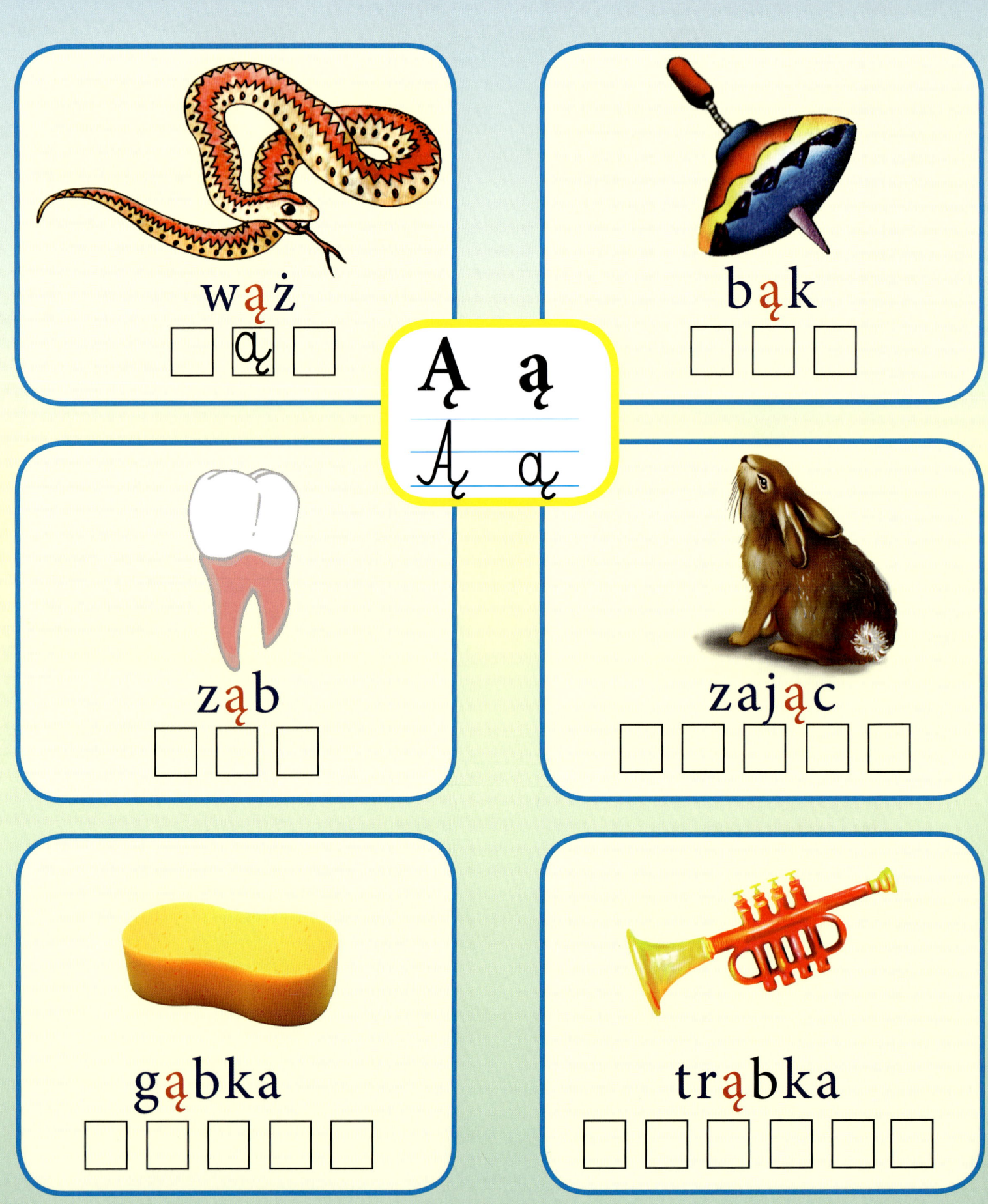

Co jest z literą ę?

Nazwij obrazek. Wypowiedz tę nazwę wolno. Wpisz w odpowiednie okienko literę ę.

Co jest na l, s?

l

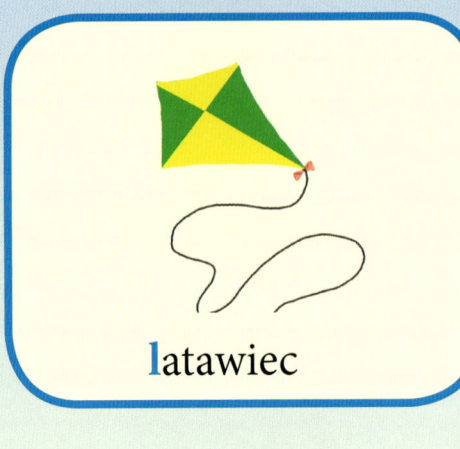 **l**atawiec

 **l**atarka

 **l**otka

 **l**ornetka

 **l**ina

 **l**ody

s

 **s**krzypce

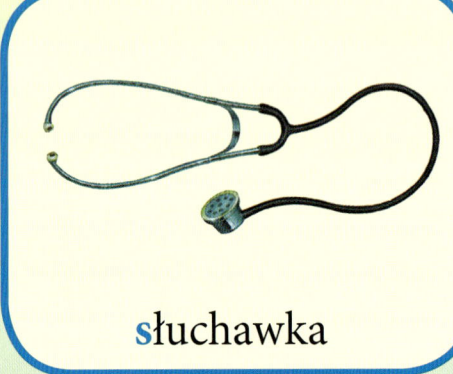 **s**łuchawka

 **s**kuter

 **s**truś

 **s**łonecznik

 **s**anki

L l   S s

las   lala   lisy
las   la-la   li-sy
l a s   l a l a   l i s y
las   lala   lisy

Znamy już: a ą e ę i o u/ó y
                 l s

la lą le lę li lo lu/ló ly

las   lasy   lis   lisy
lala   lale   lali   osa   osy
ul   ule   Ala   Ali   Ela   Eli
Ola   Oli   Ula   Uli
ile   sala   sól   soli

las
la**sy**
lis
li**sy**
ul
u**le**
u**li**
osa
osy
ile

Las i lis.

Las i ule. Ile uli?

Las, lis i 2 ule.

O! - I osy! Ile os?

Osy i lisy.

Las, lisy i osy.

Las, lisy, osy i ule.

Ala **Ela** **Ola** **Ula**

Lala Ali Lila.

Ela, lala i  Lolo.

Ola, lala i  Sally.

Ula, lala i  Elsa.

Luli lale, luli a... a... a...   2.

Co jest na m, t?

m

mak

misa

mucha

mrówka

młotek

motocykl

t

traktor

taczka

termos

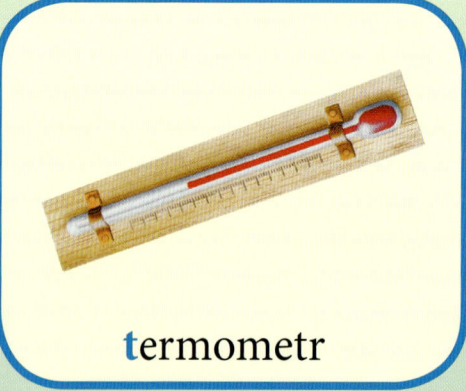
telefon

termometr

truskawka

M m	T t

mama tata Emil
ma-ma ta-ta E-mil
mama tata Emil

Znamy już: a ą e ę i o u/ó y
l s m t

ma ta at te ęt mę mą to ot mu ut yt my

ta to te oto tam tamta

mama lata tata lot lato

ile tyle Emil lama temat

Mala Mila Tola

motyl tylko tyle

Tata

To tata Emila.

To tata Emila i ule.

Tata Emila ma ule i   .

Ile uli ma tata Emila?

ta**ta**
Emil
E**mi**la
ule
u**li**
ile
ty**le**
samo
Eli
mama

Tata Emila ma 4 ule.

To tyle samo ile ma tata Eli.

Tata Emila ma 4 ule,   ,  ,  i  .

Mama Emila ma  i .

Mama

To mama Toli i Tola.
A tam 🥣. To misa
mamy Toli. Mama
Toli ma tam 🍓.
Ile tam 🍓?
A Tola ma 🪆
i 🐈 Sama.

To Sam. 🐈 Sam ma 2 lata.
A Tola? Tola ma ✋🤙 lat.
Tyle lat to ile? Tola ma 6 lat.
O, tam lata 🦋! Motyl lata i lata.
Tu mama, Tola, misa, Sam i motyl.

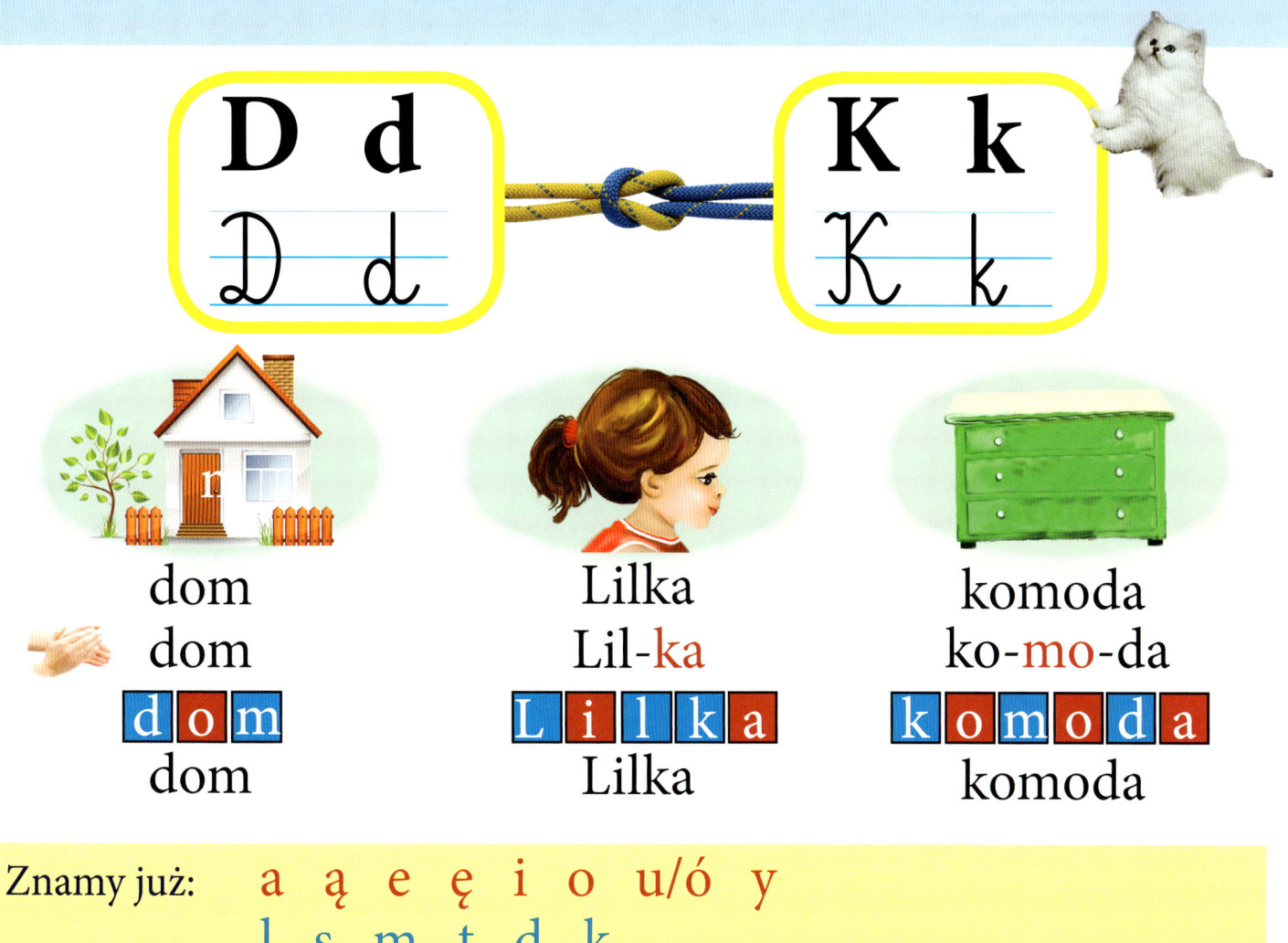

D d   **K k**

dom   Lilka   komoda
dom   Lil-ka   ko-mo-da
dom   Lilka   komoda

Znamy już: a ą e ę i o u/ó y
                 l s m t d k

da ad ką ęk ki ko ok dę du ud yd ky od

kot koty kotki dom domek

dym dymek motyl motylek

Edyta Kamil lody deska lisek

listek Lilka miska mleko

Tadek klei samolot.

29

stoi
Lilka
Lilki
kotka
kotki
komoda
miska
mleko
Tadek
klei
samolot

Lilka, kotki i Tadek

Kto tam stoi? To Lilka i kotki.
I komoda tam stoi. To komoda
Lilki i miska. To miska dla kotki
i  . Lilka da im mleko.

A to kto? To Tadek.
Tadek klei samolot.
To samolot dla Lilki.
Tadek ma:  ,
, i .

Dom, domek i lalki

To 🏠. Tak - to dom. To dom Lilki.

A to? 🏠 To dom dla 👯. Dom dla lalek to domek. Lalki Lilki to Mela i Mala.

Kto to?  - To Edyta. Edyta ma 2 lalki. Ta    ma loki, a tamta   ma kok. Te lalki to takie damy!

Dama ma 👜, 🧤 i ☂.

Do 👗 ma 📿, 〰 i 💍.

A to kto? To Kamil. Kamil ma  i  taty. A to 🐉 Kamila. Ale smok to tylko maskotka.

Co jest na j, c?

j

jeż

jabłko

jaszczurka

jogurt

jamnik

Japończycy

c

cebula

cytryna

cukinia

cukierki

cyrk

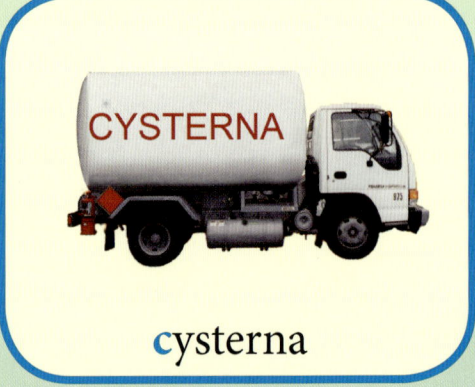
cysterna

J j   C c

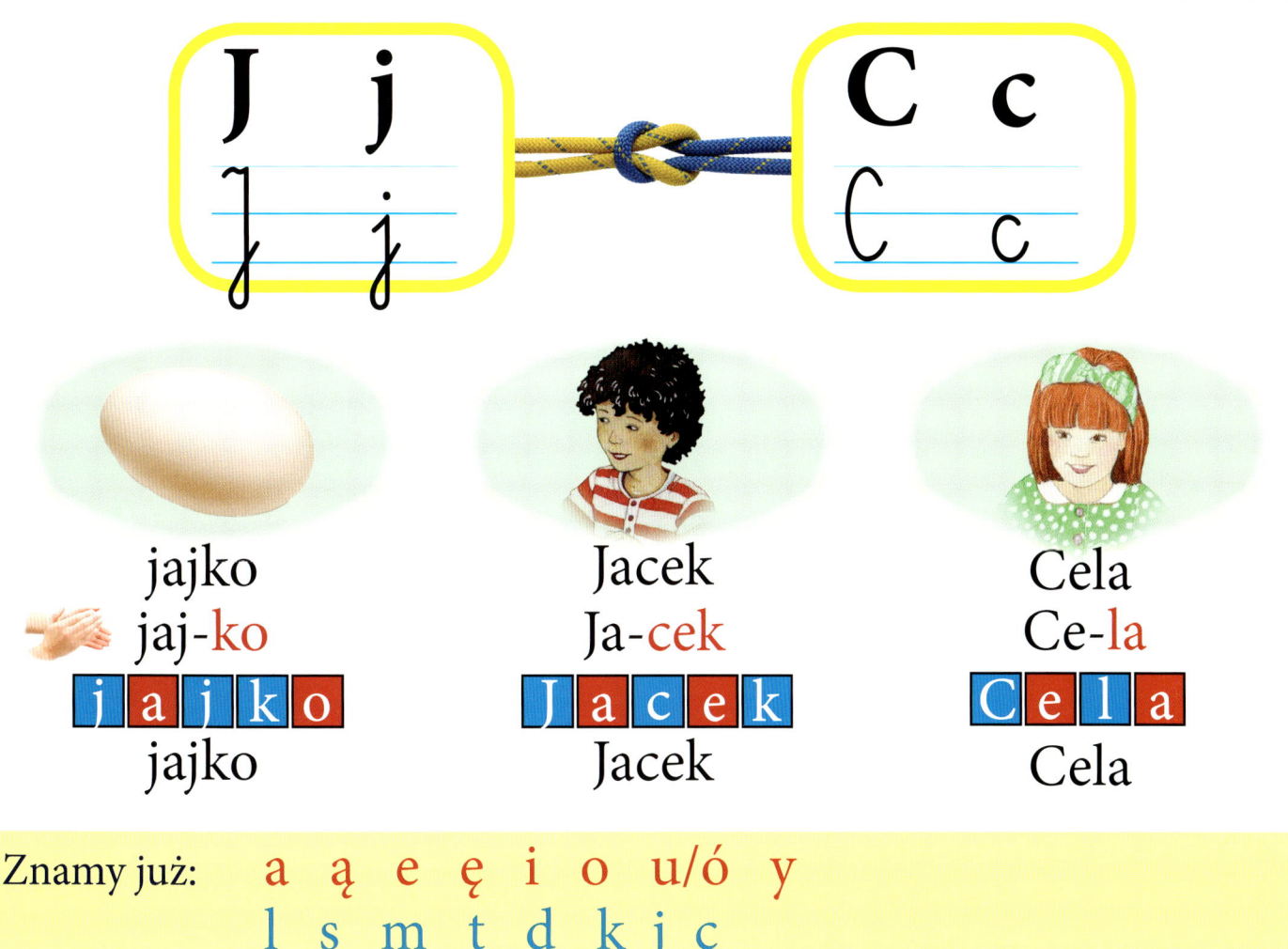

jajko   Jacek   Cela
jaj-ko   Ja-cek   Ce-la
j a j k o   J a c e k   C e l a
jajko   Jacek   Cela

Znamy już: a ą e ę i o u/ó y
             l s m t d k j c

ja ją je ję co oc ej uj yj jo Jó cu cy yc

je jej jajo jaja jajka Maja
Jola Cela Jacek olej kolej
umyj umyje lejek jajka
kucyk ulica maska deska
kolce cudak motocykl maskotka

33

Lama, kucyk i emu

lama
Jacka
Elka
dalej
Jacek
kucyka
Cela
cudak
Kulka
jajko

Co to?

- To lama Jacka - Elka.
A tam dalej? Tam stoi  Jacka.
- To Jacek ma kucyka i lamę?
- Tak. Jacek ma lamę i kucyka.
- A co ma Cela? - Cela ma  .
Imię emu to Kulka. Kulka to taki cudak. Tam jest i jej jajko. 
- A co ma Maja? - Maja ma tylko lalki. Ona je tuli. Luli lalki luli!

 To jest Cela i jej .
Ale jakie klocki! Cela ma i .
Kaktus ma kolce. Cela da  Mai,
a Maja da mamie.

 Kto to jest? - To jest Jacek.
To Jacek,  i  .
Motocykl Jacka to takie cudo.
A tam dalej Jacka
i  . Jacek ma
motocykl, samolot i kolejkę.

Tam dalej jest ulica. To ulica miasta.
Tam jadą auta. Jakie to auta?

, , , , ,
 i . Tam jadą i  .

35

Co jest na **n, g**?

n

 nuty

 nietoperz

 narty

 nora

 nici

 namiot

g

 godło

 gwizdek

 groch

 gąsienica

 gruszka

 gaśnica

N n
N n

G g
G g

noc
noc
n o c
noc

Dominika
Do-mi-ni-ka
D o m i n i k a
Dominika

gąski
gąs-ki
g ą s k i
gąski

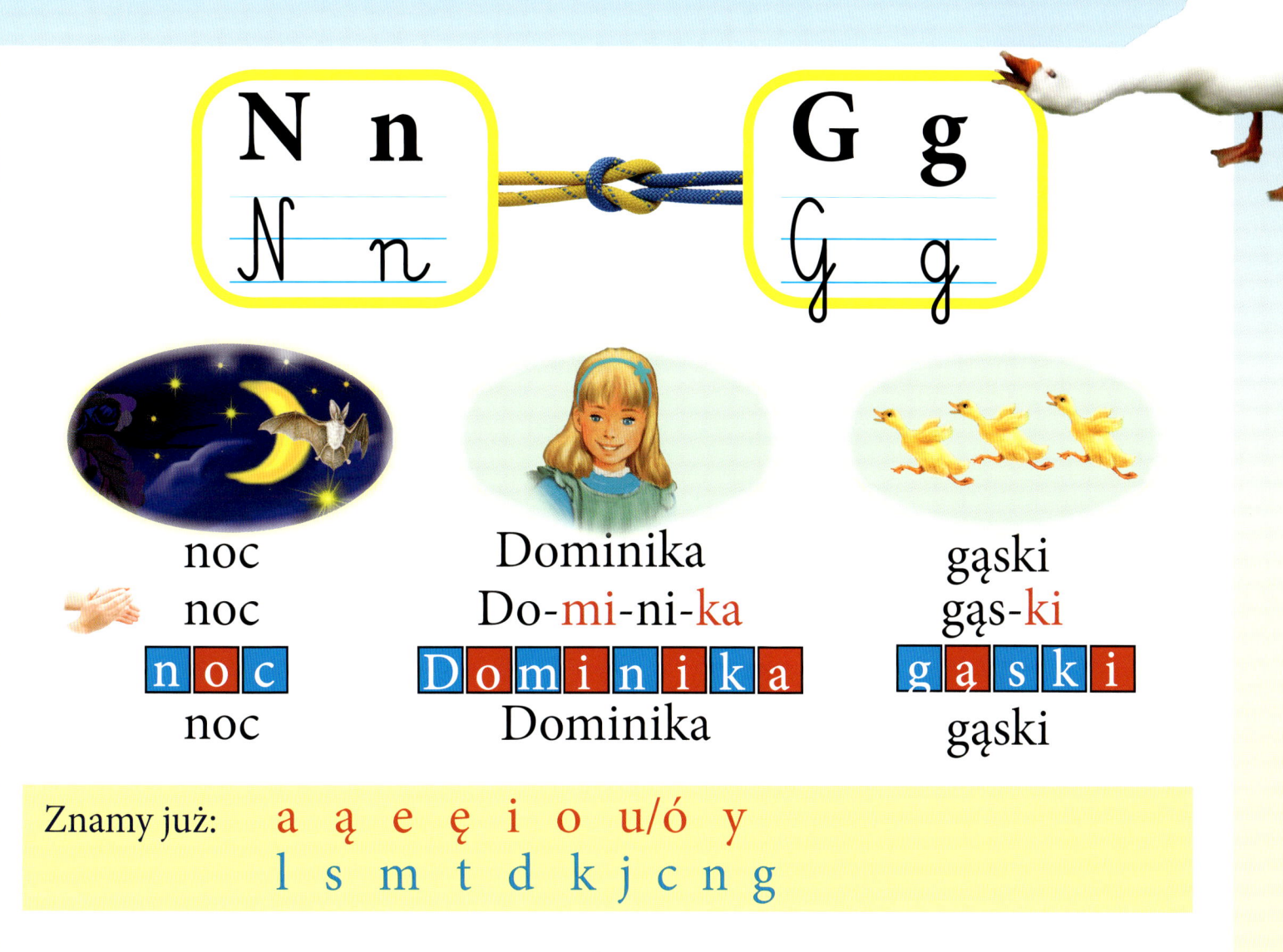

Znamy już: a ą e ę i o u/ó y
l s m t d k j c n g

na an ną ne gę ęg in nę nu ug ge ga gy

on ona ono oni one na nad

noc nos gol sen nuty sanki

kino gęsi gąski Lenka gumka

kogut komin cena noga

jagody Agata maliny

Natalka Dominika

37

Noc i sen

ciemno
smutno
Natalia
Nince
jagody
nagle
stuka
stado
Natalko
tylko
jednak

Jest noc. Nocą jest ciemno. Nocą jest smutno. Noc maluje sny. I Natalia ma sen. To sen o niej i o Nince. One idą do lasu na jagody. - Nagle, co to? Co tam tak stuka? - Stuku, stuk. Co tam leci? - To osy! Ojej, mamo! Osy! Tato, stado os! - Co ci Natalko? - Nic, nic, to tylko sen. A jednak to tylko sen...

Kto to? To Dominika.

A to? To sad. To sad taty Dominiki. Tam są , , , i .

Niedaleko sadu stoi  . To dom Dominiki. Dom Dominiki ma  . Ten komin dymi.

Do sadu idą  i gąski.  One idą i gęgają gę, gę, gę, gę...
- Uciekaj Dominiko! Uciekaj Agatko! Gęsi nie tylko gęgają! One i kąsają.

Nad oceanem jest ciemna  . Mimo nocy latają samoloty. I to nie tylko samoloty  LOT-u. To i inne samoloty. Nocą nad oceanem cumują  ,  i  .

Co jest na **p, r**?

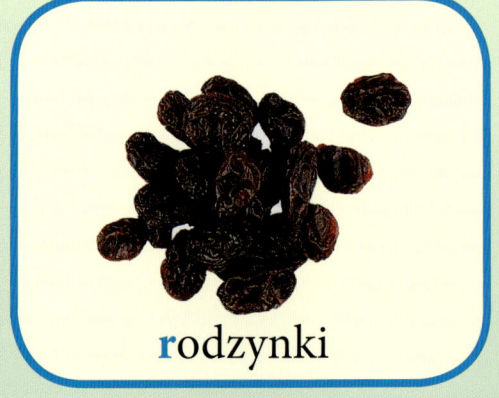

p

płetwy	**p**apryka	**p**eleryna
pomarańcza	**p**ieczywo	**p**ająk

r

róża	**r**akieta	**r**obot
rogalik	**r**ekin	**r**odzynki

P p R r

parasol
pa-ra-sol
p a r a s o l
parasol

Irenka
I-ren-ka
I r e n k a
Irenka

Radek
Ra-dek
R a d e k
Radek

Znamy już: a ą e ę i o u/ó y
l s m t d k j c n g p r

pa ap pę pą ra rą er pi po up yp py ęp

gra ptak sklep cyrk mapa Pola
Polak pająk grypa katar Radek
Patryk pisak Irenka gitara
papuga papryka pomidor
lekarka rogalik parasol
To peleryna Irenki.

41

Od rana pada

spadają
stukają
parasoli
peleryn
kolory
mokną
motory
skutery
odlatują

Krople spadają i stukają o okno - kapu kap, kapu kap, plum plum.
- Ile parasoli! Ile peleryn!
- A jakie kolory! - Mokną motory, auta i skutery.

Irenka: Jejku, rety-taki pisk! Co to?
Radek: To tylko ptaki.
Irenka: Odlatują?
Radek: Tak. To taka pora.
Irenka: A dokąd one odlatują?
Radek: O to lepiej spytaj tatę.

Sylabowe czytanki-zgadywanki

Radek ma 🦜 i ptaki.

- Jakie to ptaki?

- To papugi. Jakie one mają kolory?

Radek karmi papugi prosem.

- Papugi piją mleko? - pyta Irenka.

- Nie. Papugi nie piją mleka. One piją 🥛.

Od rana pada, ale Patryk i Pola idą ulicą. Oni razem idą do sklepu. Kupią mamie: 🥔, 🫑, 🧅, 🥦, 🍅, 🥒, 🥬, 🥚, 🍊 i 🍋. Cytryny są dla taty Poli. Tata Poli ma grypę i katar.

Radek ma 🎸 i na niej gra. Gra od rana. On gra dla mamy. A Irenka gra na 🎹. Ona gra dla taty. A gra tak pięknie!

Co jest na w, f ?

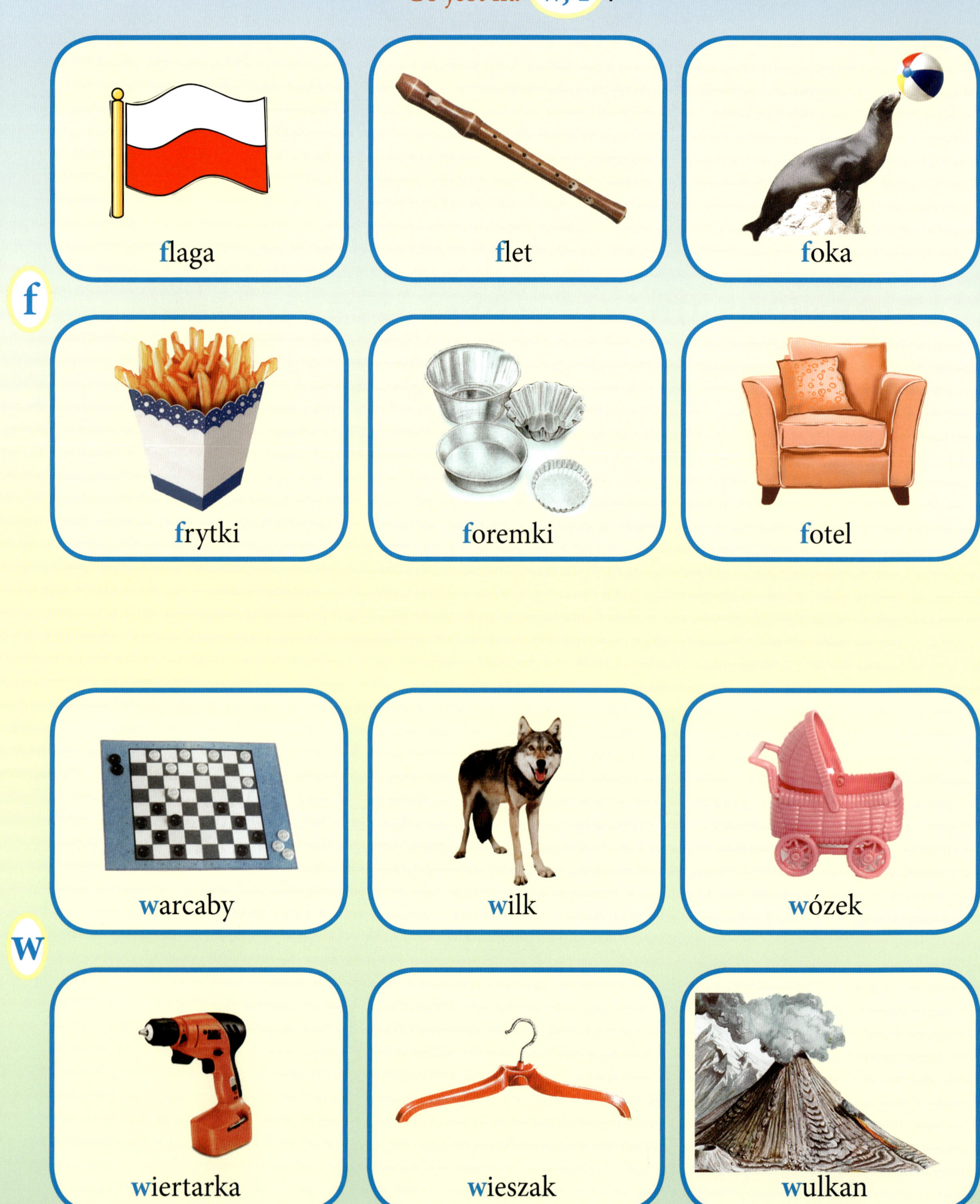

f

flaga	flet	foka
frytki	foremki	fotel

w

warcaby	wilk	wózek
wiertarka	wieszak	wulkan

W w   F f

wujek
wu-jek
wujek
wujek

Wanda
Wan-da
Wanda
Wanda

flamingi
fla-min-gi
flamingi
flamingi

Znamy już: a ą e ę i o u/ó y
l s m t d k j c n g p r w f

wa fo af we fu wi fy yw wą fę ąw ów

lew wilk woda wata wujek foka
fotel sowa waga fala wagon
krowa trawa dywan wróbel
rower Wicek Wacek Witek
Wanda mrówka owoce fasola
Stefa maluje flamingi.

Wujek Wicek

pracuje

daleko

sarenki

sarnom

wiewiórka

mrówki

mrowisku

piękna

nudna

- Wujek Wicek to mój wujek - mówi Wacek. On pracuje w lesie. To daleko od domu. Wujek karmi sarenki i .
- Co daje sarnom?
- Sarnom daje siano, a .
- Co daje wiewiórkom?
- Wiewiórkom daje .
- Wujek Wicek wie, jaką norę ma lis i jak pracują mrówki w mrowisku. On wie, jak nocą wyją wilki i jak mądra jest sowa.
Praca wujka nigdy nie jest nudna!

Sylabowe czytanki-zgadywanki

Wanda pomaga mamie w 🍳 .

jajka, podaje do 🍽️ .

Na deser niesie 🍇 . Potem 🧼 :

🍲 , 🍳 , ☕ , 🍽️ , 🥄 i 🍴 .

Wyciera stary 🪑 i dywan.

Stefa i Witek idą do 🦁 zoo.

Tam są: 🐍 , 🐧 , 🐻 , 🐻‍❄️ , foki, wilki i lwy.

Są tam 🐊 , 🦙 , 🐅 i 🦩 .

Stefa ma 🎨 i 🖌️ . Witek ma ✏️ .

- Ja namaluję flamingi - mówi Stefa.

- 🦩 ? - To ja narysuję 🦁 ! Lew ma

piękne futro - mówi Witek.

- Ale flamingi mają kolorowe 🪶 - mówi Stefa.

- Kolorowe? - One mają tylko kolor 🖌️ .

47

Co jest na **b, ł**?

b

- **b**ocian
- **b**iedronka
- **b**aran
- **b**urza 
- **b**ombki 
- **b**uda

ł

- łódź
- łańcuch
- łuk
- łyżwa
- łopata
- ławka

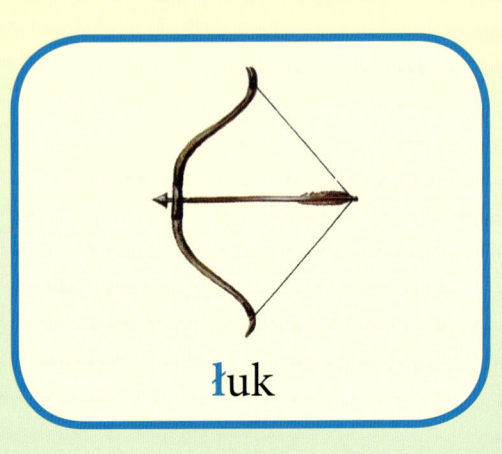

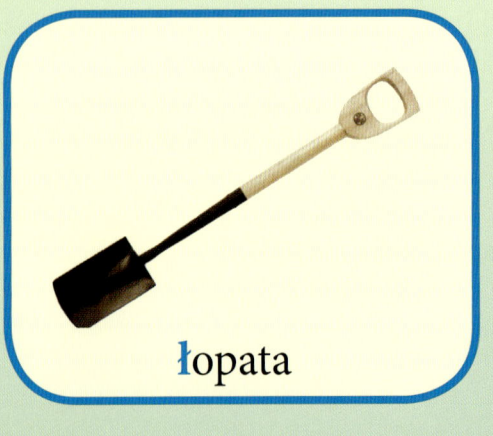

B b

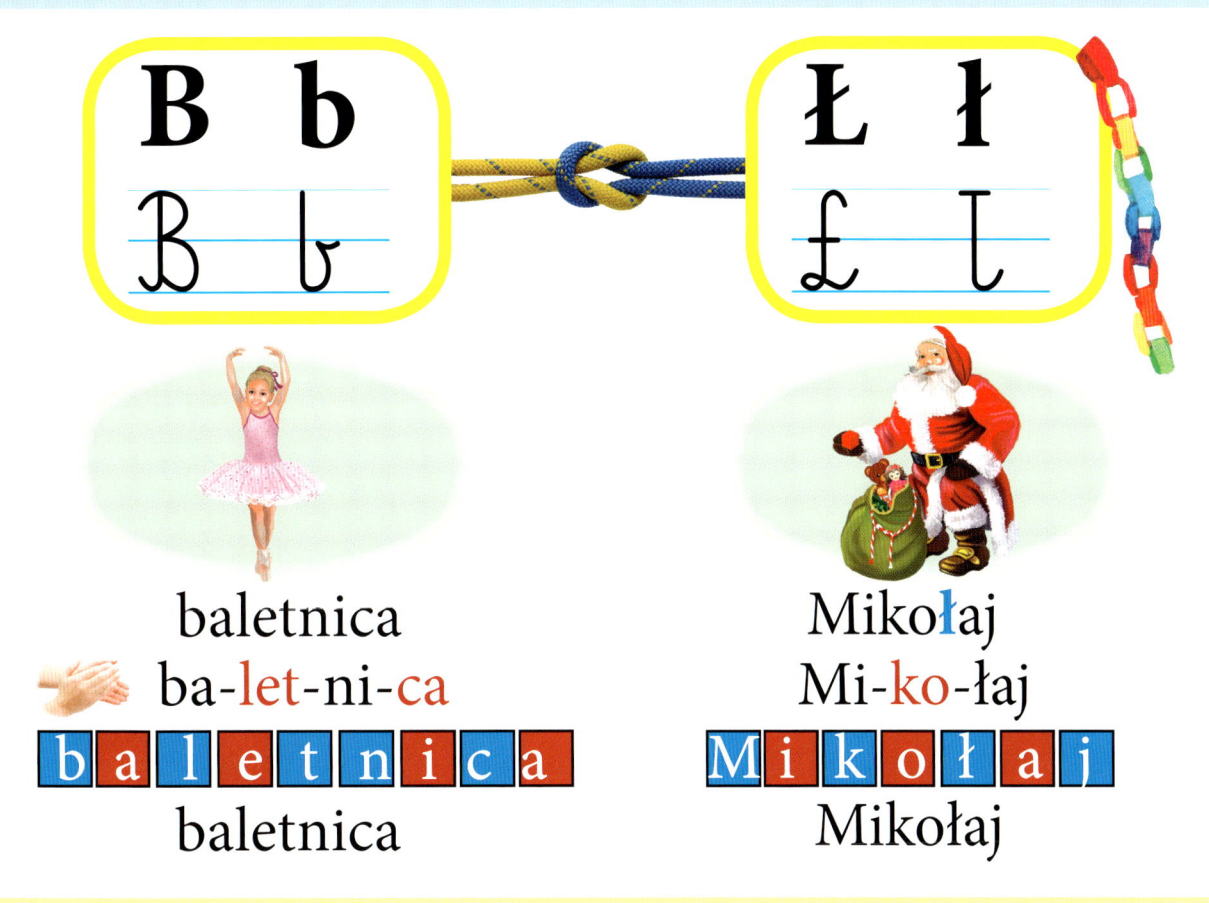

Ł ł

baletnica
ba-let-ni-ca
baletnica
baletnica

Mikołaj
Mi-ko-łaj
Mikołaj
Mikołaj

Znamy już: a ą e ę i o u/ó y
l s m t d k j c n g p r w f b ł

ba ab ła ął bą eb ęł ło łu ół łó ył bi ub yb

bajka mała bombki łapa

ławka igła piła Paweł piłka

Bolek Kuba kubek robot

burak głowa łódka jabłko

ładne łopata Beata

Basia i Kuba robią teatr.

Teatr dla Mikołaja

W klasie jest bal. Basia jest baletnicą. Kuba jest kudłatym psem.
- Ale co robi Basia? - Basia tuli psa i całuje. I nagle... pies nie jest psem. Jest młodym synem króla. Król i królowa robią im wesele. Na weselu są: Burek, As i Morus. To są polskie pieski.
- Ładna bajka? - Tak. To był dobry teatr! Mikołaj jest wesoły. Otwiera worek. Da im   .

Mikołaja
baletnicą
kudłatym
całuje
królowa
wesele
wesoły
otwiera

Sylabowe czytanki-zgadywanki

9 - Mikołaj
Str. 110

Jaka piękna 🎄. Ile 🎄!

Jaki piękny, kolorowy ⛓!

- To praca Basi i Kuby - mówi dumnie mama.

Na stole biały obrus, 🕯, 👶 i opłatki.

Wokół stołu mama, tata, 👵 i 👴.

Łamiemy się 🍞. Mama podaje 🍲, 🥟, 🐟, 🍹 i 🍰. Gramy kolędy.

Nagle Kuba woła: - Mamo, był u nas 🎅!

- Tyle 🎁 i 💌!

- To polskie kartki. Kuba 🎁. Jest miło i wesoło. Tylko 👵 i 👴 są smutni.

Nie ma u nas wujka Wicka i cioci Danusi.

51

Co jest na h, z?

h

hamak	**h**ełm	**h**elikopter
hokej	**h**ulajnoga	**h**erbata

z

ZOO	**z**amek	**z**egarek
zebra	**z**ąb	**z**nak

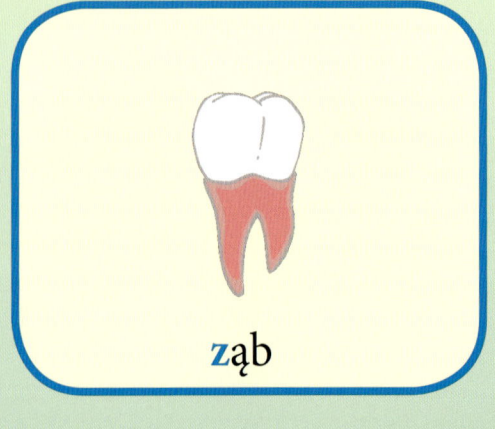

H h
H h

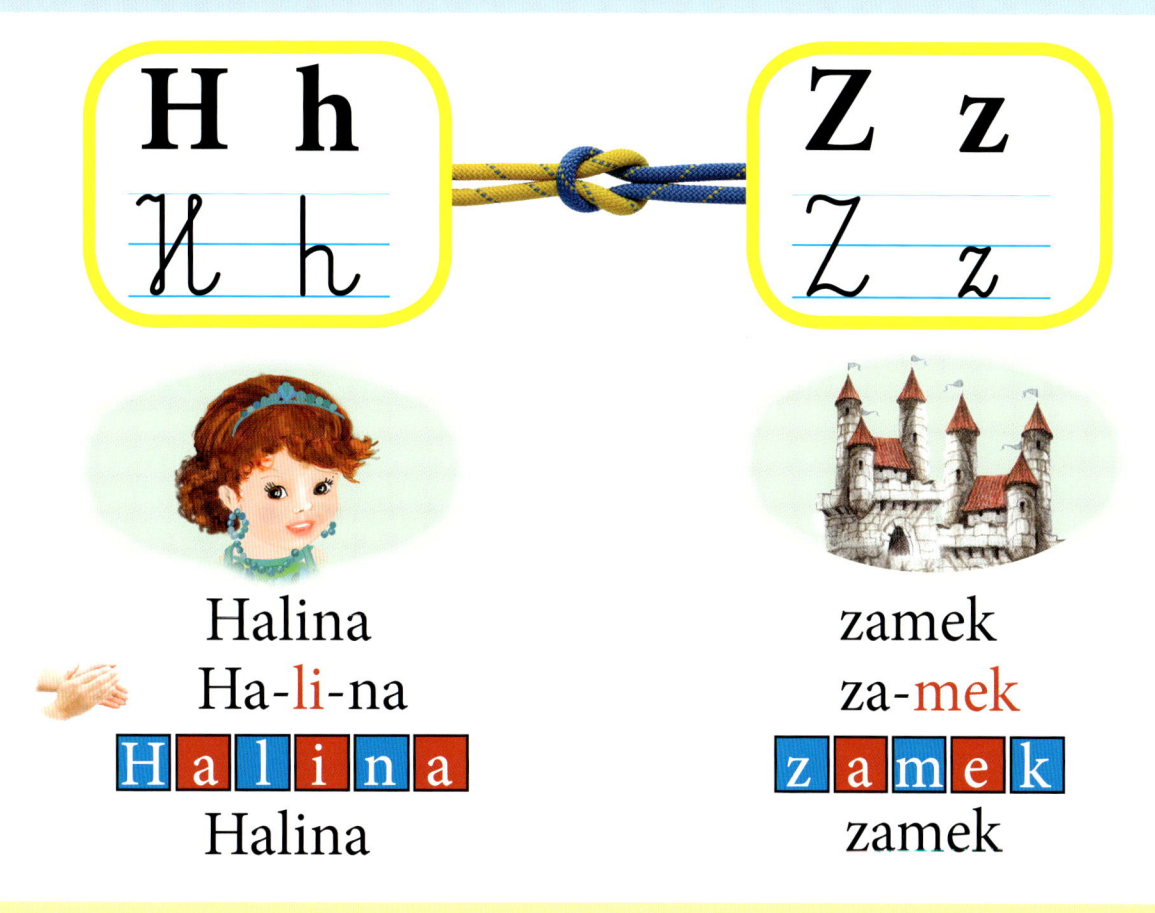

Z z
Z z

Halina
Ha-li-na
| H | a | l | i | n | a |
Halina

zamek
za-mek
| z | a | m | e | k |
zamek

Znamy już: a ą e ę i o u/ó y
l s m t d k j c n g p r w f b ł h z

ha za zą az ez ąz zę he uh uz hu zy yz oz

hak huk znak heca hamak

zamek zupa arbuz obraz Zuza

Zenek hotel humor hałas

hokej Henio Halina Helena

herbata helikopter

Hania ma dobry humor.

53

Lekcja z h

Litera h lubi hałas. Hej, hej! Hop, hop!
Halo, hura! Huk i hejnał - hałas hula!
Z tą literką humor, heca. Same słowa
z h wnet lecą: Hania, Henio, Honorata,
helikopter i herbata, humor, hotel i hamaki,
harcerz, herb to polskie znaki.
Wielki huk i wielka heca!
Hola! Stop! - Co to za hałasy?
Wyrazy z h prosto do klasy!

hejnał
Hania
Henio
Honorata

heli**kop**ter   **her**ba**ta**   **ho**tel   **ha**ma**ki**   **her**b

harcerz

Halina gotuje zupę.

To jest zupa z 🍄.

Na drugie danie poda zrazy

i ziemniaki.  🥔 Na deser będą zapiekane 🍎.

A potem? Potem poda kompot z jabłek 🥤

lub herbatę.  ☕ Mniam, mniam, mniam...

Daleko za 🌲 stoi 🏰. To stary zamek 👑 Zygmunta. Zuza z mamą oglądają ten zamek króla. - Są tam stare 🖼️🖼️? - pyta Zuza. - Tak, tam są stare meble, obrazy i 🕰️.

- Mamo, a są tam 👻?

- Tak. Podobno o zmroku pojawia się na zamku biała zjawa. 👻🏰 To taka biała dama.

- Mamo, ja się boję! - mówi Zuza.

- Nie bój się. Ona zjawia się tylko o zmroku.

Co jest na ż?

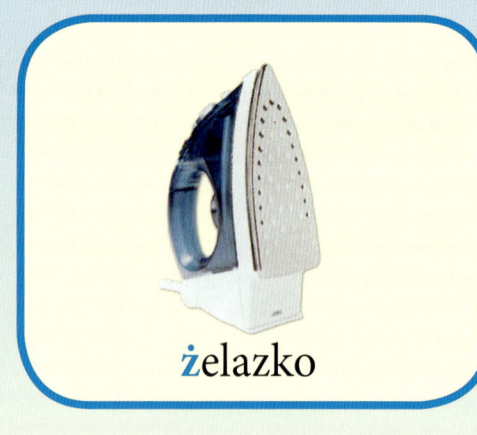

| żarówka | żelazko | żaglówka |

ż

| żołnierze | żołędzie | żmija |

Co jest z ż?

| róża | łyżki | noże |

| nosorożec | jeżyny | łyżwy |

56

żaba
ża-ba
żaba
żaba

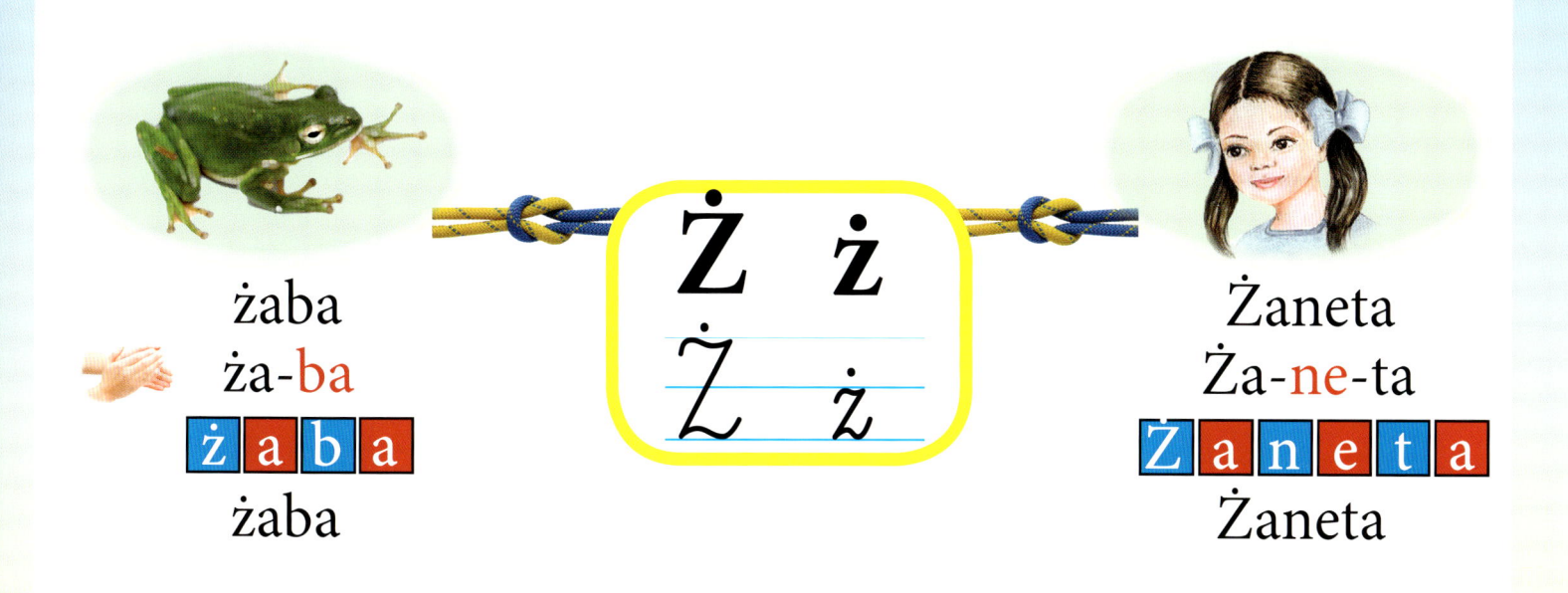

Ż ż
Ż ż

Żaneta
Ża-ne-ta
Żaneta
Żaneta

Znamy już: a ą e ę i o u/ó y
l s m t d k j c n g p r w f b ł h z ż

ża aż że eż iż żą żę żo oż żu uż óż ży

że już jeż też żart wąż
nóż żeby duża duży duże
żona żaba ważka żmija każdy
każda każde żółty róża łyżka
leżak plaża Żaneta jeżyny
żarówka żyrafa

Żaneta lubi plażę, a Zuza łyżwy.

57

Lekcja z ż

Litera ż lubi ZOO,
bo żółwi, żubrów pełno wokoło.
Jest w ZOO żaba, wąż, żyrafa,
na żbika Kuba ciągle natrafia.
Jest także żuk, żuraw, jeż,
zwinna żmija i ważka też.
- A teraz moje miłe kocięta...
Kto je wymieni?
Kto zapamięta?

żółw

żubr

żaba

wąż boa

żyrafa

żbik

żuraw

żuk

ważka

żmija

jeż

58

Żaneta lubi lato,  ☀ i 🏖.

Na plaży buduje 🏰 z piasku.

Żaneta latem lubi też las.

W 🌲 zbiera 🍄, 🫐 i 🫐.

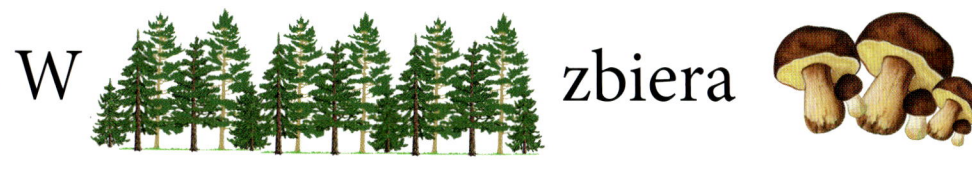

Z 🍄🍄 robi sos, a z jagód i jeżyn robi sok.

- Jakie duże jeżyny! - woła do mamy.

- Uważaj! - Tu bywają 🐍 ! A żmije to jadowite węże. - Żal mi 🫐, ale boję się żmij.

- Wracamy? - pyta mamę Żaneta. - Tak. Wracamy.

A ja lubię zimę 🏔, 🛷 i 🎿. 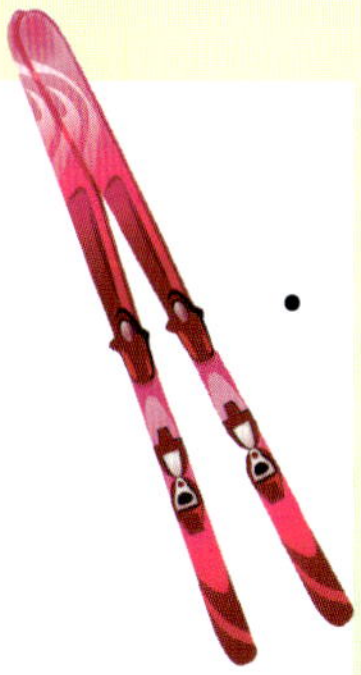
- mówi Zuza. Biorę ⛸ i idę na 🧊. - Różnimy się - mówi Żaneta.
- Ja wolę lato, ☀, plażę i 🫐. Ty wolisz 🏔, 🛷 i lodowisko. Ale i tak się lubimy - prawda?

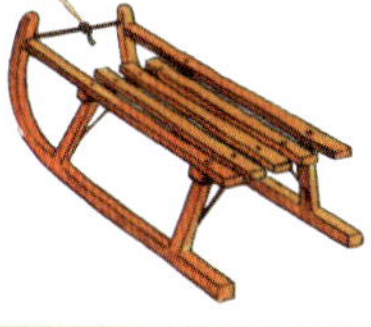

Lubię te sylaby

pio... wie... bie... fiu.. fiu..

bia bie bio biu	biały (bałwan)	biedronka	biurko
pia pie pio piu pió	pianino	piesek	pióro
wia wie wio wiu wió	wiaderko	wiewiórka	wiosło
fia fie fio fiu	fotografia	fiołek	w szafie

Ale zima, ale wiatr!

wesoło
zważa
wiaterek
zimno
nałóż
kremik
lepiej
sweterek
boimy
bawimy

Fiu, fiu, ale zima! Fiu, fiu, ale wiatr!
Wieje, sypie, biało wkoło
Zimno, mróz, ale wesoło!
Ten ma narty, ten ma sanki
Ten nie zważa na wiaterek.
- Jest ci zimno? Nałóż kremik,
Albo lepiej włóż sweterek.
Pięknie wkoło, biało wkoło
Wiatr, zimno, ale wesoło.
My się zimy nie boimy
i do nocy się bawimy.

61

Lubię te sylaby

mię... miód ...kie...

mia
mią
mie
mię
mio
miu
mió

miasto — miesiąc — miód

gia
gią
gie
gię
gio

żagiel — magia — igiełki

kia
kie
kio
kiu

kiosk — kierownica — sukienka

Za miastem

położyła
serwetę
widelce
pierogi
miękkie
miodownik
biedronka
bielutkie
stokrotki
niebieskie

Mietek i Wiesia są za miastem. Robią piknik. Wiesia położyła na kocu białą serwetę,  , widelce, noże i dwie łyżki. Mietek położył miskę dla pieska. Zaraz wyjmą z  : mięso, miód, pierogi, miękkie bułki i miodownik.

- A co dla pieska? - pyta Wiesia.

- Dla pieska są 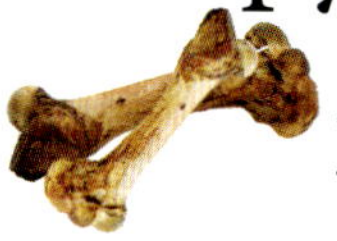 i woda.

- Wiesiu -o, biedronka! Ile ma kropek!

A tam - co to za kwiatki?

- To bielutkie stokrotki i niebieskie fiołki.

63

Lubię spółgłoski miękkie si, ci

siano — **cielęta** — **ciasto**

sia
sią
sie
się
sio
siu
sió

siano	kosiarka	siódemka
s i a n o	k o s i a r k a	s i ó d e m k a

prosię	siodło	siatka
p r o s i ę	s i o d ł o	s i a t k a

cia
cią
cie
cię
cio
ciu
ció

ciasto	babcia	cielę
c i a s t o	b a b c i a	c i e l ę

ciupaga	kapcie	kocięta
c i u p a g a	k a p c i e	k o c i ę t a

11-Wianek str. 112

64

Znamy już: **si ci**

W ogródku

ogródku

ciekawiej

leżaku

zabiera

motyle

łapali

strumyku

łowili

naprawdę

Zbliża się wiosna.

Robi się cieplej. Kwitną kwiaty wokoło.

- Halo! - Zosia woła ciocię Basię i Kubusia.

- Zjemy deser w ogródku? Jest ciekawiej.

- Ciociu, połóż się na leżaku! - mówi Zosia.

Podaje ciasto i sok z wisienek.

Teraz Zosia zabiera siatkę na motyle,

a Kuba siatkę na ryby. Będą łapali motyle,

a w strumyku będą łowili ryby.

- Ciociu, ale duża ryba!

- Tak Kubusiu, to naprawdę wielka ryba.

65

Lubię spółgłoski miękkie **ni**, **zi**

konie kozioł ziemniaki

nia
nią
nie
nię
nio
niu
nió

gniazdo — g ni a z d o 
konie — k o ni e
pranie — p r a ni e

(ja) niosę — ni o s ę
słonie — s ł o ni e
niemowlę — ni e m o w l ę

zia
zią
zie
zię
zio
ziu
zió

Zuzia — Z u zi a
kozioł — k o zio ł
zioła — zio ł a

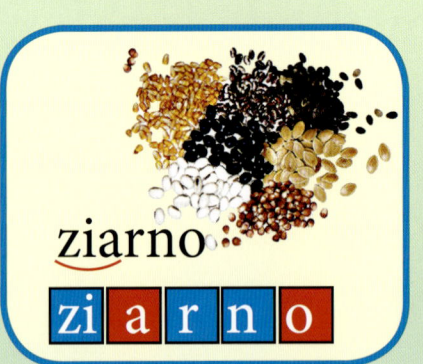

ziarno — zi a r n o
poziomki — p o zio m k i 
bazie — b a zi e

66

Znamy już: **si ci ni zi**

Niania Stefania, Zuzia i Franio

Stefania
małego
malutkie
niemowlę
butelki
bieliznę
koziołkiem
poziomki
witamin

Pani Stefania jest nianią małego Frania. Franio to malutkie niemowlę. Ono pije mleko z butelki. Niania teraz robi pranie. Niesie bieliznę. Ale Franio kwili: łe, łe, łe...

- Ciiiii... Już idę do ciebie.

A siostra Frania, Zuzia, bawi się małym koziołkiem i je słodkie poziomki. Poziomki są zdrowe i mają wiele witamin. Zuzia o tym wie. Ona ma już 4 lata.

Zuzia lubi owoce: ,   ,   i   .

67

Ś ś   Ć ć

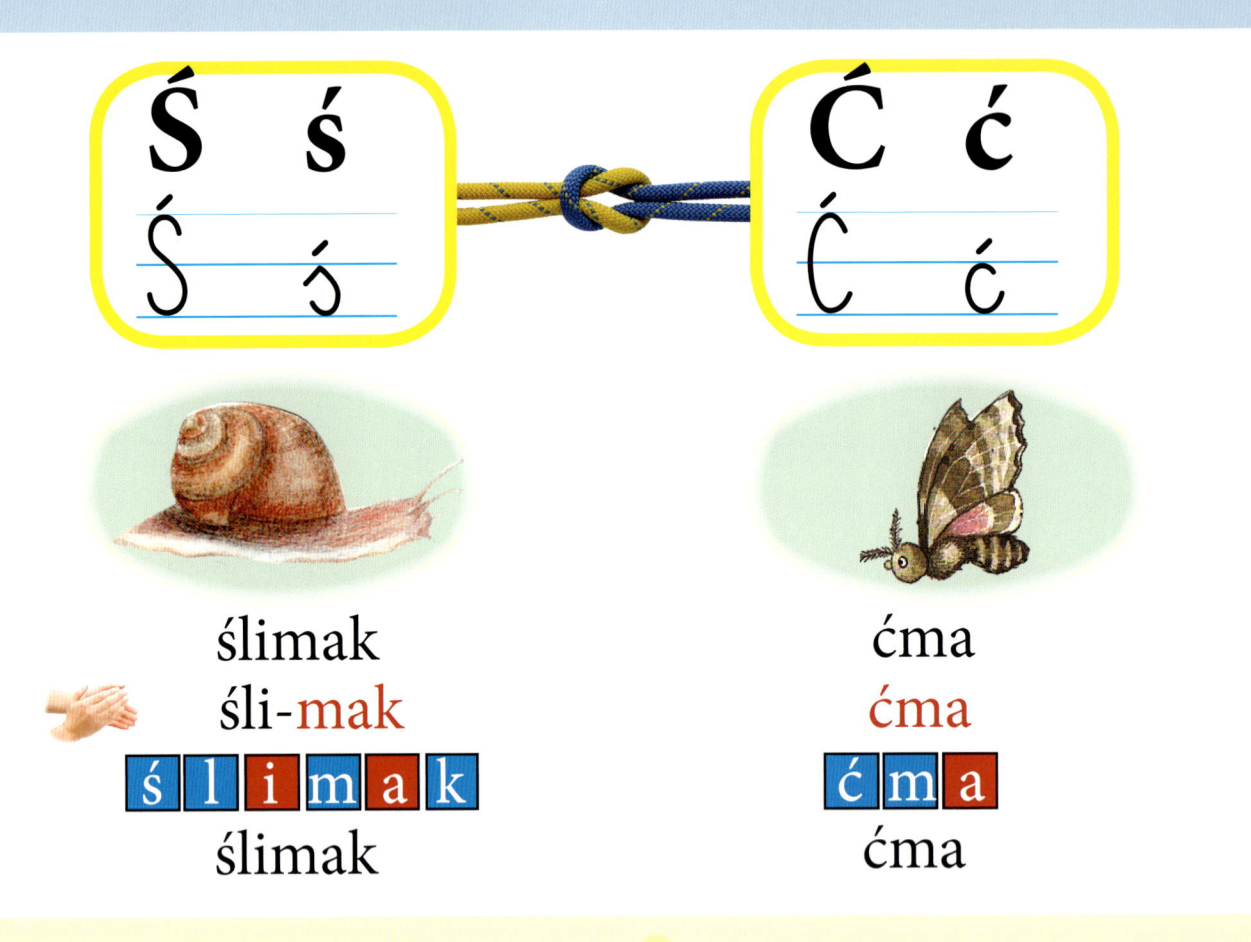

ślimak
śli-mak
ś l i m a k
ślimak

ćma
ćma
ć m a
ćma

Co jest na ś?

- świeca
- śliwki
- śruba

Co jest z ć?

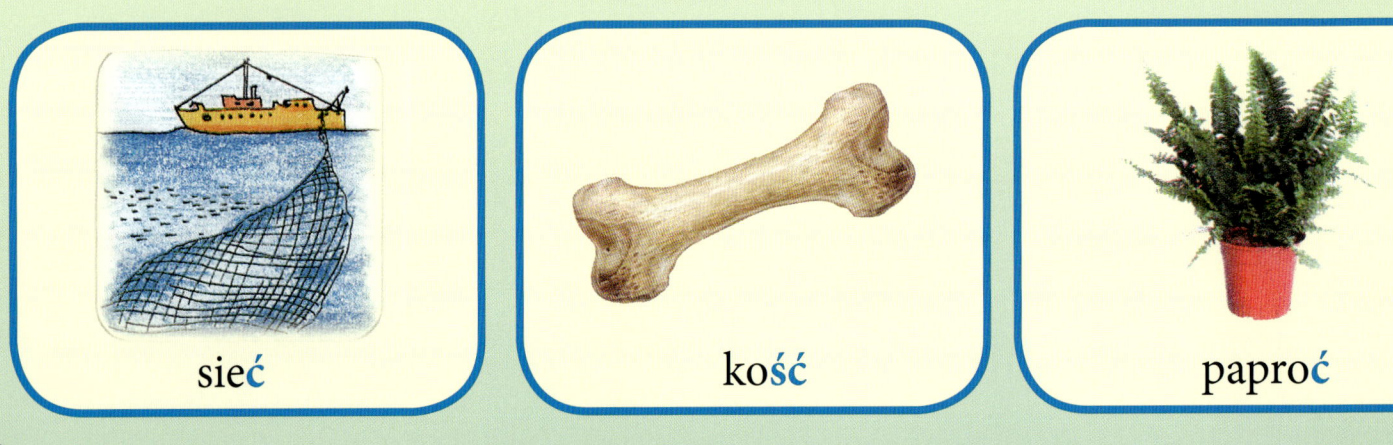

- sieć
- kość
- paproć

Znamy już: a ą e ę i o u/ó y
l s m t d k j c n g p r w f b ł h z ż ś/si ć/ci

aś ąś eś ęś iś oś uś yś ać ąć eć ęć oć uć yć

ślad świat śpiew miś kość złość
spać grać mówić śpiewać ślimak
świeca śruba Kaśka Baśka kapeć
paproć ćwiartka

Ćmy, misie i ślimaki

Ćmy nie mogą w nocy spać,
wolą więc w warcaby grać.

Mały miś mocno śpi
i śnią mu się słodkie sny.

Azor zwykle gryzie kość,
nigdy nie ma kości dość.
Bo to taki mądry pies,
co nie lubi ciastek jeść.

Ślimak, ślimak wystaw rogi,
dam ci sera na pierogi.

Ń ń   Ź ź

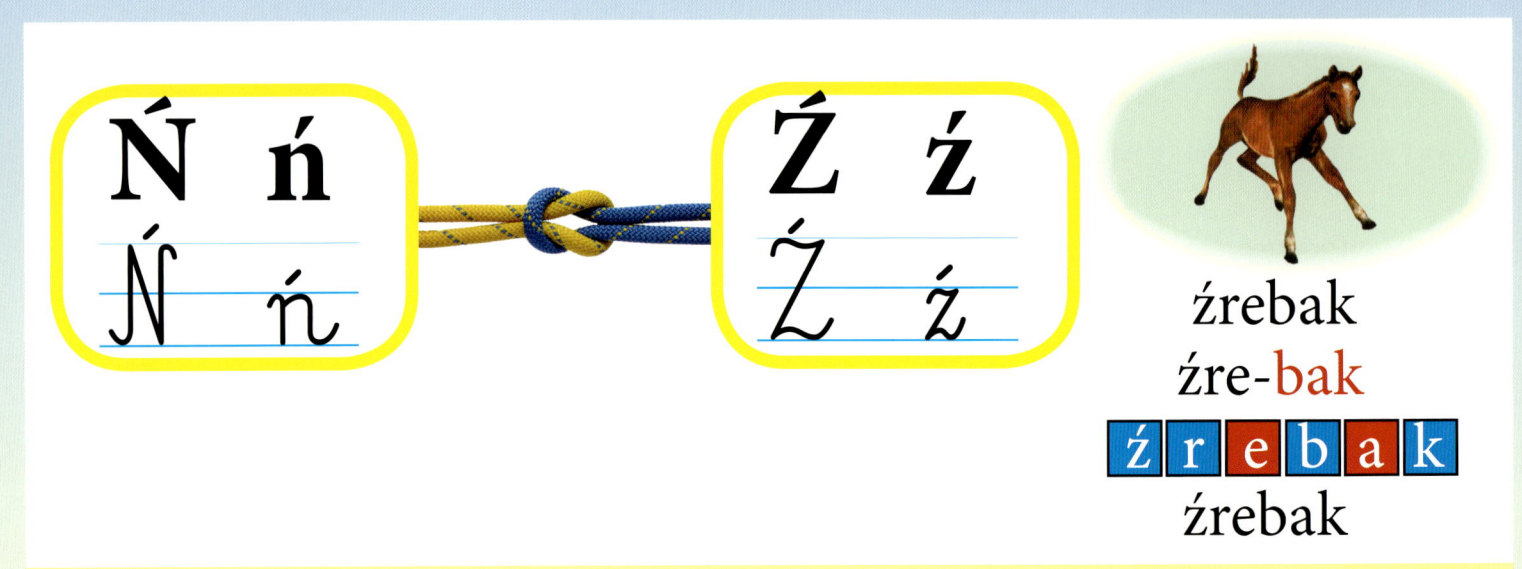

źrebak
źre-bak
źrebak
źrebak

Znamy już: a ą e ę i o u/ó y
l s m t d k j c n g p r w f b ł h z ż ś/si ć/ci ń/ni ź/zi

ań eń iń oń uń yń aź ąź eź oź uź yź

Co jest z **ń**?

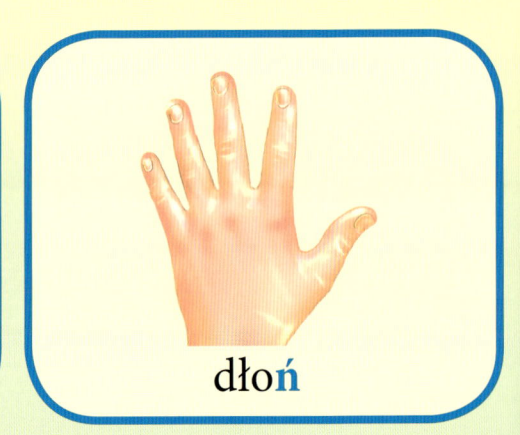

słońce   jeleń   dłoń

Co jest z **ź**?

koźlątko    źródło   gałąź

70

Oleńka w cyrku

Oleńka

uważaj

złośliwy

ogromne

maleńki

należy

arenie

tygrysa

żrebaku

W mieście jest cyrk. Cyrk to taki wielki namiot. Oleńka i Kaśka idą do cyrku.

- Jakie duże słonie! - mówi Kaśka.
- Uważaj! - Słoń bywa złośliwy i groźny - mówi Oleńka. - Wiem, słonie są ciężkie i ogromne. - A tu, co to jest? - pyta Kaśka. To maleńki źrebak. On lubi cukier, więc dam mu kostkę cukru.

Ding - dong! - O, już sygnał, że należy wejść.
- Na arenie widać już lwa - mówi Oleńka.
-Pa, pa, źrebaku. Pa, pa, słonie.

Powtórka ś/si ć/ci ń/ni ź/zi

U babci Zosi

Oleńki

śliwkami

śmietaną

upiekły

ukroić

zapytała

kawałek

Kubusia

posypiemy

pokroimy

Babcia Zosia to babcia Oleńki. Oleńka lubi być u niej. Pieką wtedy ciasta i ciastka. Oleńka lubi ciasto ze śliwkami, ale Kubuś woli z wiśniami i bitą śmietaną.

W środę upiekła z babcią ciasto ze śliwkami.

- Babciu, mogę ukroić kawałek? - zapytała.

- Nie teraz, Oleńko. Jest za ciepłe. Najpierw posypiemy je cukrem, a potem pokroimy. Ten kawałek jest dla Kubusia, a ten dla ciebie.

- Babciu, zostaw coś dla kotka.

- Oleńko, kotki wolą ciepłe mleko.

Oleńka, Maja i Kubuś są w sklepie. Kupują dla babci:

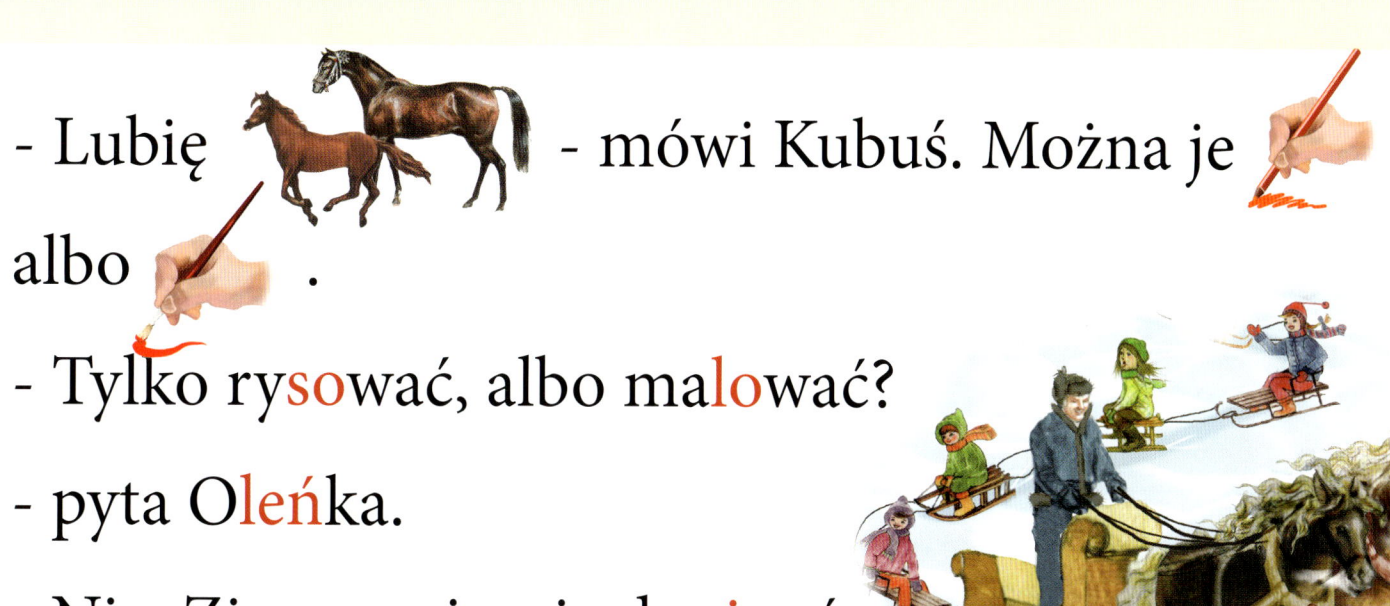

[chleb] , [bułki] , [rogale] , [jajka] , [cukier, mąka] ,

[wiśnie] i [śliwki] . Mąka, cukier, jajka, wiśnie i śliwki są

do ciasta, a bułki, rogale i [chleb] na śniadanie.

- Lubię [konie] - mówi Kubuś. Można je [rysować]

albo [malować] .

- Tylko rysować, albo malować?

- pyta Oleńka.

- Nie. Zimą można je dopinać

do sań i robić kulig.

Konie ciągną sanie, za saniami [sanki] .

Tyle radości! Tym więcej, jeśli ktoś się [przewróci] -

śmieje się Kubuś. - Nie śmiej się - mówi Oleńka.

Taki upadek może być groźny. Można złamać nogę.

73

Dwuznaki

Co jest z **sz, cz** ?

sz

- **sz**alik
- **sz**yszka
- **sz**achy
- wie**sz**ak
- ka**sz**tan
- my**sz**

cz

- **cz**apka
- **cz**ereśnie
- **cz**ajnik
- zna**cz**ek
- psz**cz**oła
- warko**cz**

74

Sz sz   Cz cz

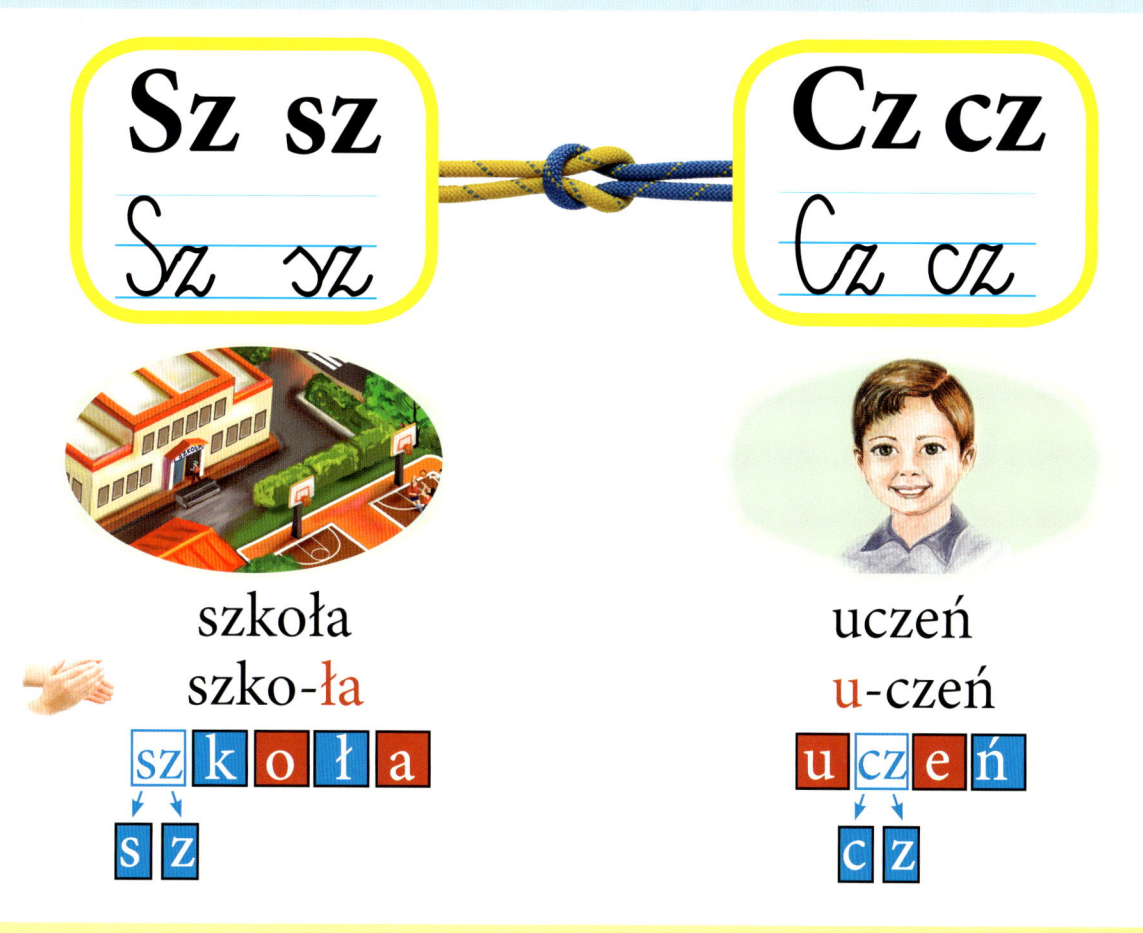

szkoła — szko-ła

uczeń — u-czeń

Znamy już: a ą e ę i o u/ó y
l s m t d k j c n g p r w f b ł h z ż
ś/si ć/ci ń/ni ź/zi
sz cz

sza asz szą cze ęcz czo ocz szu ysz ycz

mysz szal czek grosz kosz smycz
oczy uszy czoło część szyja cztery
taczki kasza tęcza kasztan czosnek
szafa pączki czapka Szymon
kapelusz listonosz uczymy się

Nasza polska szkoła

To nasza polska szkoła.

W niej się uczymy. Jesteśmy w pierwszej klasie. Język polski to język naszych babć, mam, cioć i kuzynów.

W naszej szkole uczymy się czytać i pisać. Uczymy się śpiewać i tańczyć. Miło nam jest razem i zawsze wesoło.

Nasza pani często opowiada nam o Polsce. Lubimy i naszą panią, i naszą szkołę.

jesteśmy

uczymy

kuzynów

opowiada

uczniowie

lubimy

76

Czy wiesz, co to jest?

To jest mysz.

- Czy mysz mieszka w 🧀?

- Mysz mieszka w 🕳. Tak, mysz mieszka w norce. Mysz boi się 🐱. - Czy każdego kota? Tak, każdego.

Szymon i Czesia idą na spacer. Założyli ciepłe 👕👕, czapki, 🧦 i peleryny. Czesia zabrała swój czerwony ☂. - O! - świeci ☀ i pada  💧. - Czy może świecić słońce, kiedy pada deszcz? - Tak - mówi Czesia.

O, zobacz - 🌈 ! - Co to? - pyta Szymon.

- Nie wiesz? To tęcza. Tęcza bywa, gdy pada 💧 i świeci  ☀. Czesia z Szymonem cieszą się deszczem. Oni nawet tańczą w deszczu.

Dwuznaki

ch

Co jest na **ch**?

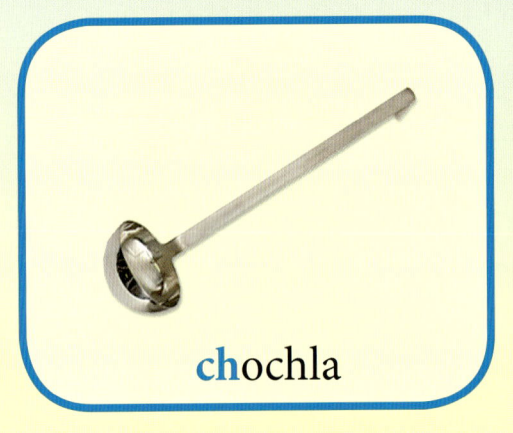

| choinka | chłopak | chór |

| chochla | chustka | chomik |

Co jest z **ch**?

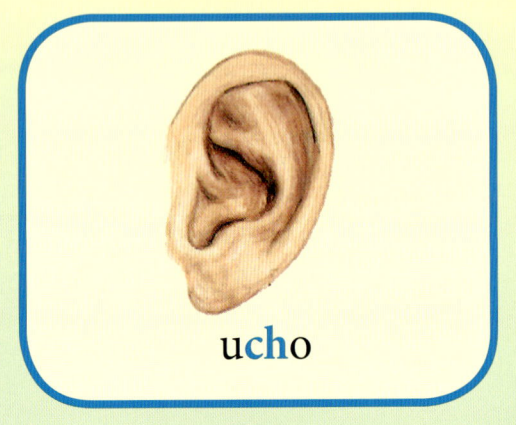

| dach | groch | ucho |

| mucha | muchomor | kuchnia |

Michał
Mi-chał

Ch ch
Ch ch

duch
duch

Znamy już: a ą e ę i o u/ó y
l s m t d k j c n g p r w f b ł h z ż
ś/si ć/ci ń/ni ź/zi
sz cz ch

cha ach chą ąch che ęch chi och uch ych

ich och chleb chór dach ruch
groch słuch węch zuch strach
zapach chomik chałwa echo cicho
mucha chucha dmucha Michał
chłopak maluch choinka

Michała boli ucho.

On boi się ducha.

Chory Michał

Michała boli ucho. - Mamo, chyba będę głuchy i nie będę mógł śpiewać.

- Nie martw się. Twoje chore ucho zbada pani doktor. - Michał położył się. Zgasił światło. Nagle usłyszał... bzzz... i jakiś szelest.

- Co to? - Mucha? Teraz w nocy? To pewnie duch! - Rety! Duch! Ratunku!

- Co się stało synku? - pyta mama.

- Duch, mamo duch!

- Oj maluchu, jaki duch! Nie ma duchów!

- A więc to była tylko mucha - pomyślał.

Michała
położył
usłyszał
ratunku
maluchu
pomyślał

- Co to jest?   - To jest chochla.

Maja chochlą nalewa zupę.

- A to? Co to jest?

To jest groch. Groch na zupę gro**cho**wą.

- Czy to jest chleb, czy bułka?

To jest chleb, który jem na śnia**da**nie. - A to?

To chałwa. Czasem jem ją na deser.

Mała Zosia jest siostrą Mai. Ona bawi się jeszcze . Czasem boi się Eli.

Boi się nawet , gdy siada jej na nosie lub uchu.

Maja ma . Jej chomik jest chory.

Maja o**kry**wa go , dmucha, chucha i nic. Chomik się nie rusza.

- Mamo, on nie chce jeść! - mówi Maja.

- Maju, a może on ma katar? Może stracił węch. Myślę, że na**le**ży z nim pójść do .

Dwuznaki

Co jest na **rz**?

rzeka

rzęsy

rzodkiewka

rz

Co jest z **rz**?

wa**rz**ywa

d**rz**ewo

g**rz**yby

o**rz**echy

g**rz**ebień

leka**rz**

morze
mo-rze

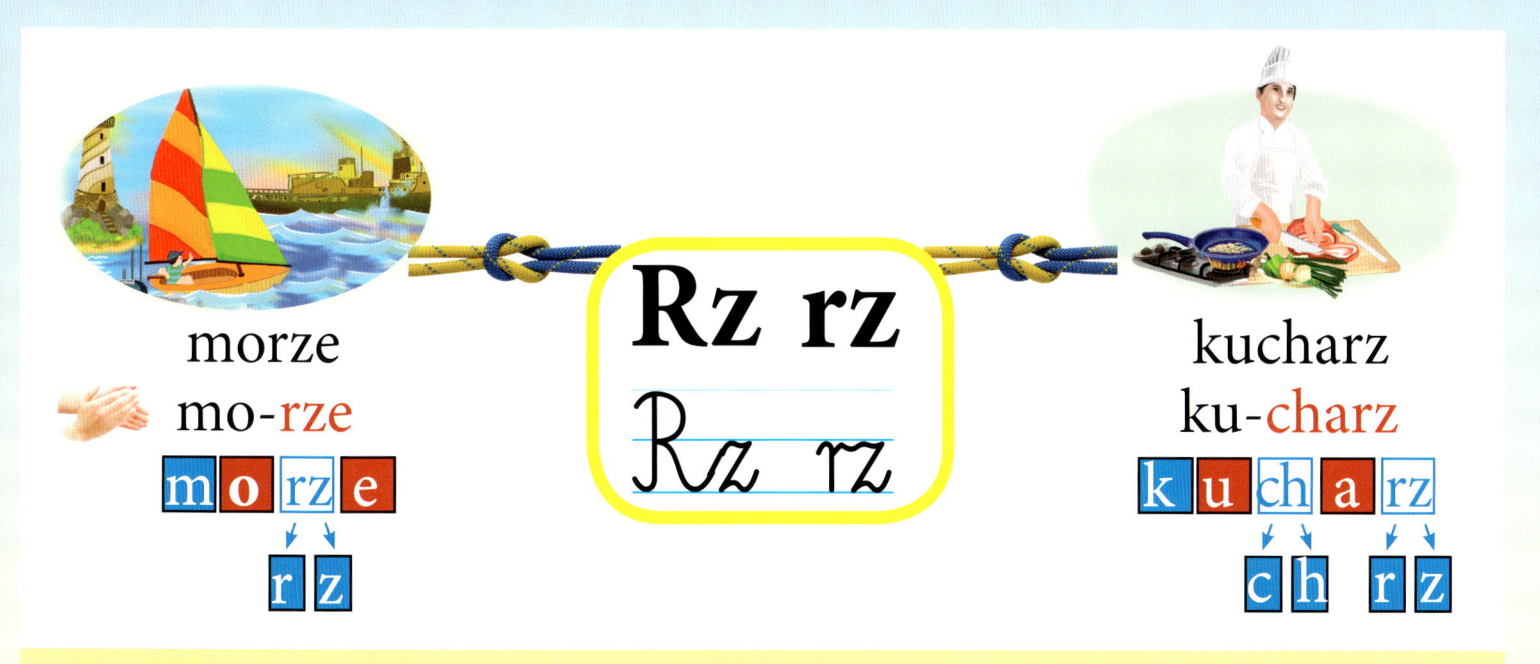

Rz rz

Rz rz

kucharz
ku-charz

Znamy już: a ą e ę i o u/ó y
l s m t d k j c n g p r w f b ł h z ż
ś/si ć/ci ń/ni ź/zi
sz cz ch rz

rza arz ąrz rze ęrz rzo orz rzu urz rzy yrz

rzecz brzeg pieprz rzeka morze

burza rzeczka grzyby marzec

drzewo lekarz malarz murarz

piekarz kucharz stolarz harcerz

warzywa rzodkiewka marynarz

Drzewo rośnie w parku.

Grzebieniem czeszę włosy.

83

MORZE BAŁTYCKIE

godło Polski

flaga Polski

kajak

łódka

żaglówka

kuter rybacki

motorówka   okręt podwodny   statek handlowy   statek pasażerski

Mapa Polski, jej godło i flaga

Na mapie są dwie duże **rz**eki.
To Wisła i Odra. Te **rz**eki płyną do mo**rz**a.
A nasze polskie mo**rz**e to Mo**rz**e Bałtyckie.
Po mo**rz**u pływają statki, okręty, łódki
i motorówki. Tam na kutrach rybacy łowią
ryby. Tata Ma**rz**eny jest rybakiem. On stoi
przy ste**rz**e. Nie wypływa w mo**rz**e, gdy
zbliża się bu**rz**a. Ma**rz**ena jest dumna z taty.
Stolicą Polski jest Warszawa.

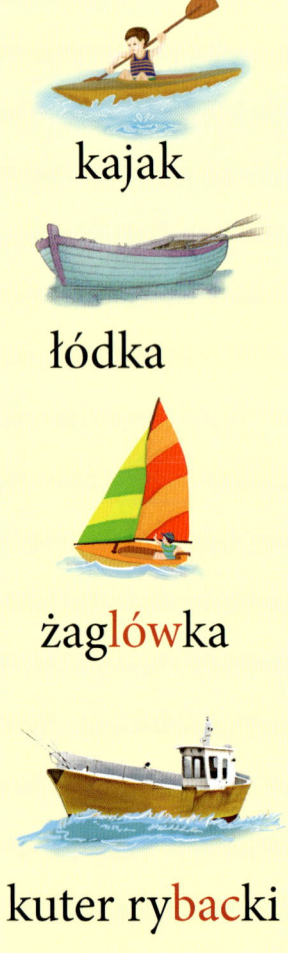

Sylabowe czytanki-zgadywanki

Kto dla nas pracuje?

Pan Andrzej jest pie**ka**rzem.
Piecze dla nas 🥖, 🍞, 🥐 i 🍥.
Lu**b**imy bułki z masłem 🌰.

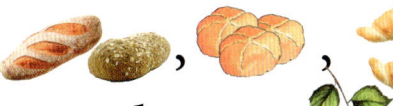

pieka**rz**

Pan Krzyś jest ku**cha**rzem.
Go**tu**je w barze o**bia**dy z 🥦 i 🥩. 
Ma w kuchni 🍲, 🍳, 🍽, 🥄, 🍴 i 🔪.

kucha**rz**

Pan Jerzy jest sto**la**rzem.
Robi z drewna stół, 🪑, 🪟 i 🗄. 
Teraz przy**ci**na 🪵.

stola**rz**

Pan Jan jest mu**ra**rzem.
Mu**ru**je małe 🏠 i wie**żow**ce.
Teraz u**kła**da mur z 🧱.

mura**rz**

Pan Grzegorz jest le**ka**rzem.
Leczy nas, gdy jes**teś**my chorzy.
On ma 🩺 le**ka**rskie i różne 💊.

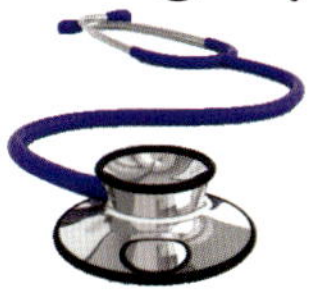

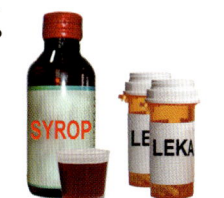

leka**rz**

85

Dwuznaki

Co jest na **dz**?

dzwon

dzban

dzwonek

dz

Co jest z **dz**?

pienią**dz**

kole**dz**y

kukury**dz**a

dż

Co jest na **dż**?

dżem

dżudo

dżdżownica

Dz dz   Dż dż

koledzy   dżem
ko-le-dzy   dżem

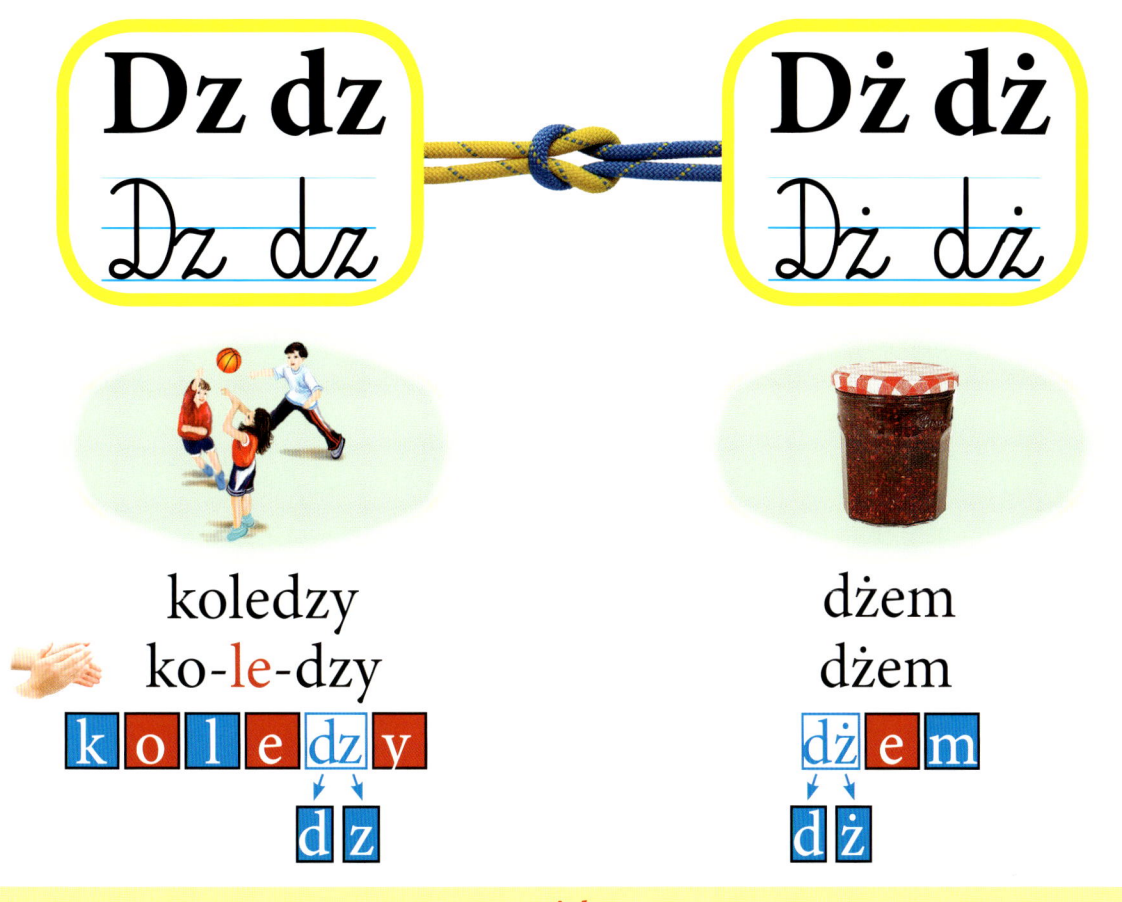

Znamy już: a ą e ę i o u/ó y
l s m t d k j c n g p r w f b ł h z ż
ś/si ć/ci ń/ni ź/zi
sz cz ch rz dz dż

dza dża dze dże dzo dżo dżu dzy dży ydż

dzwon dzban ksiądz dzwonek dzbanek

jedzą siedzą widzą dżudo dżokej drożdże

gwiżdże dżungla pieniądz dżdżownica

Dzwon dzwoni - bim bam bom.

Kuba ćwiczy dżudo.

Lekcja z dzwonkiem, dżemem i dżdżownicami

uczniowie

powiedzcie

powtórzcie

koledzy

dżdżownica

zeszytu

piszemy

przepiszcie

znudzony

próbujemy

Dzwonek dzwoni.

Uczniowie pędzą do klasy.

- Mamy lekcję z dz i dż - mówi pani.
Jedna głoska, a dwie litery. Powiedzcie - dz, dz, dz, a teraz dż, dż, dż. Powtórzcie wyrazy: dzwon, dzban, koledzy, dżungla, dżokej, jedzą, siedzą, widzą, pieniądz.
A teraz trudny wyraz - dżdżow-ni-ca.
Pięknie! Teraz przepiszcie te wyrazy.

- Znowu piszemy? - mówi znudzony Jaś.
- Tak, Janku. Próbujemy pisać.

Dzwonek dzwoni. Janek gwiżdże.

- Hura! Przerwa! - woła Janek.

Sylabowe czytanki-zgadywanki

To dzwonek  i to dzwonek  .

To pieniądz i to pieniądz  .

To dzban  , a to dzbanek  .

A to kto?  - To są koledzy Kuby.

Maja i Kuba jedzą śniadanie. Na stole mają  ,

a obok  . To dżem ze  . A co mają na drugie

śniadanie? Na drugie śniadanie mama dała im ciasto

drożdżowe i gotowaną  . Tak, słodką kukurydzę.

- Do widzenia, mamo! - wołają.

- Kubusiu, a twoja kurtka dżinsowa?

A dżdżownice? Zostawiłeś cały  .

- Dżdżownic nie zabieram do  .

Zostawiam je wujkowi na  .

dź

Co jest z **dź**?

| dźwięk | dźwig | śledź |

Co jest na **dzi**?

| dziadek | dzięcioł | dziupla |

dzi

| działo | dziób | dziobak |

Dzi dzi   Dź dź

Madzia
Ma-dzia

Edzio
E-dzio

dźwig
dźwig

Znamy już: a ą e ę i o u/ó y
l s m t d k j c n g p r w f b ł h z ż
ś/si ć/ci ń/ni ź/zi dzi
sz cz ch rz dz dż dź

dzia dzią dzie dzię dzio dzió dziu edź adź

Edzio Zdzisio Madzia Jadzia dziadzio
dziura dziupla dziąsło dzieci powiedział
dziękuję dźwięk dźwig śledź łódź
gwóźdź łabędź niedźwiedź

Madzia i Edzio to wnuczęta dziadzia.
Dźwigi pracują w porcie.

Dziadzio, Madzia i Edzio na plaży

pojedziemy
rodzicami
dźwigały
wiaderka
wlewały
robiły
łabędzi
zapytała
widziałam
niedaleko

Ale piękny **dzień**!

- Wiosna, a ciepło jak w lecie. - mówi Ma**dzi**a.
- **Dziadziu**, poje**dzi**emy na plażę?
- Tak, Ma**dziu**. Zapytaj E**dzi**a, może poje**dzi**e z nami.

Na plaży były już **dzi**eci z ro**dzi**cami. Robiły babki i zamki z piasku. **Dź**wigały wiaderka z wodą. Potem wlewały ją do **dzi**ur i robiły stawy. - Czy to będą stawy dla łabę**dzi**? - zapytała **dzi**eci Ma**dzi**a. - Wi**dzi**ałam je niedaleko stąd.

- **Dziadziu**, zobacz - tam są ło**dzi**e rybaków!

Kuba ma **dzi**siaj uro**dzi**ny.

E**dzi**o, Ta**dzi**o i Ma**dzi**a o tym wiedzą.

Kuba zaprosił też ___ i ___ . Mama Kuby upiekła uro**dzi**nowy ___ . Kupiła też ___ , ___ i ___ . - Sto lat! Sto lat! - wesoło śpiewają E**dzi**o, Ta**dzi**o i Ma**dzi**a. - A kiedy bę**dzi**e tort? - pytają. - Najpierw zgaszę (ile?) ___ świeczek . Potem po**dzi**elę ___ - mówi Kuba. - **Dzi**ękuję za ___ .

Dzia**dzi**o, Ma**dzi**a i E**dzi**o są w porcie. Tam jest ogromny ruch. Słychać **dź**więki. To **dź**wigi ładują towary z ___ na ___ . - **Gdzi**e te statki popłyną? - pyta Ma**dzi**a. - W różne strony świata. - odpowiada **dzi**a**dzi**o. - Do Polski też? - Tak, do Polski też.

- Wracamy! - mówi **dzi**a**dzi**o. - Ta**dzi**u, nie maru**dź**!

93

JESIEŃ *(fall)*

Czytamy i powtarzamy

kasztany

żołędzie

jarzębina

szyszka

peleryna

kalosze

Z drzew opadają już [liście]. Pod drzewami leżą [kasztany], [żołędzie], [szyszki] i czerwona [jarzębina]. W lasach rosną [grzyby]. [Wiewiórki] zbierają [orzechy] i zakopują je w ziemi. [Niedźwiedzie] i [jeże] układają się do snu. [Ptaki] odlatują do ciepłych krajów. Często wieje wiatr i pada [deszcz]. Dni są krótkie, a noce długie. Dzieci noszą [swetry], [czapki], a czasem [peleryny] i [kalosze]. Ogrodnicy zbierają z drzew [jabłka], [gruszki] i [śliwki], a rolnicy z pól [ziemniaki], [marchew], [kapustę], [cebulę], [paprykę] i [buraki].

94

poznane słówka

ZIMA *(winter)*

kombinezon

rajstopy

kulki śniegowe

płatki śniegu

gogle

karmnik

Pada   . Wszędzie biało. Mróz szczypie w uszy.

Dzieci zakładają ciepłe   ,   ,   ,   ,   i   .

Idą na górkę lub na   i jeżdżą na   ,   lub

    . Ubierają   i   . Czasem bawią się lepiąc

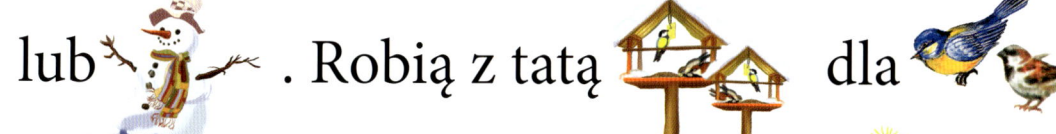

    lub   . Robią z tatą   dla   .

W zimie są święta Bożego Narodzenia z   ,   ,

    oraz Wigilią z   , życzeniami, kolędami

    ,   ,   i   .

95

WIOSNA *(spring)*

Czytamy i powtarzamy

tulipany

żonkile

bocian

gniazdo

konewka

gąsienica

Wiosna to ulubiona pora roku Mai. Mocniej świeci ☀.

Przylatują 🦩 🦆 i zakładają 🪺.

Zieleni się 🌱. Kwitną pierwsze kwiaty.

Maja podlewa 🌷 i 🌼 wodą z 🪣. Nad kwiatami

latają różne owady: 🐝, 🐞, 🐝 i 🦋.

🐛 zamieniają się w piękne 🦋 🦋 🦋.

Na wiosnę mamy Wielkanoc.

To wesołe święta z 🧺, 🥚 🥚,

🐑, 🐥, 🍰, 🐰 i 🌿.

poznane słówka

LATO *(summer)*

mak

słonecznik

wianek

muszelki

kostium plażowy

czereśnie

W lecie są wakacje! Jest ☀, 🏖, 🏰 i 🐚.

W lecie kwitną 🌺, 🌻 i inne kwiaty, a dzieci robią z nich 🌸. Dojrzewają 🍒, 🍓, 🫐, 🍇 i 🫐.

Dziewczynki ubierają: 👖, 👚, 🧦, 👗 i 👡, a na plażę 👙.

Chłopcy noszą krótkie 🩳 i sportowe 👟.

Co zwykle dzieci robią latem?

97

ŻEGNAMY CIĘ SZKOŁO

Żegnamy cię szkoło.
Wakacje wołają nas,
Lecz nie martw się kochana,
Wrócimy tu nie raz.

Zatęsknimy za ławkami,
Za tablicą, krzesełkami,
A najbardziej to za panią,
Która kocha wszystkich nas.

Dzisiaj wszyscy otrzymamy
Laurki za pracę.
Myślę, że mamusia
Z radości zapłacze.

Dziękujemy naszej pani,
Która przez rok była z nami,
Bo z nią nauka i zabawa
Była zawsze wielką sprawą.

Druga klasa czeka na nas.
Ale żaden to ambaras,
Bo to dzięki naszej pani
Jesteśmy tak przygotowani.

Uściskajmy dzisiaj panią
Za wszystko, co było miłe.
I nie zapomnijmy nigdy,
Jak piękne to były chwile.

HURA!!! - WAKACJE!

Uściśnijmy sobie ręce
Tak najmocniej, najgoręcej,
No i życzmy sobie mili,
Byśmy wstydu nie zrobili
Wiecie komu? Naszej pani
 - na wakacjach,
w parku, w domu.
Byśmy byli grzeczni, mili,
Jak nas pani nauczyła.

Życzenia od pani

Na zakończenie,
dzieci kochane,
dla Was życzenia:
Cieszcie się słońcem,
wracajcie rumiane!

Wracajcie zdrowe
moje bobasy,
czekają was książki
do drugiej klasy.

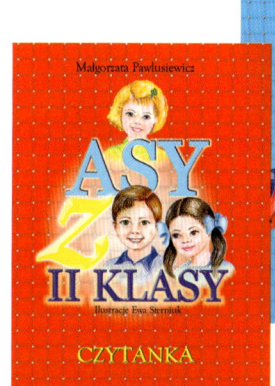

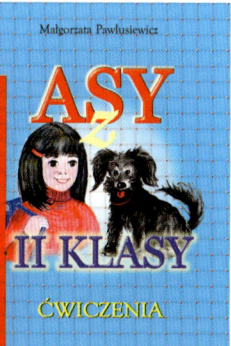

WAKACYJNE RADY NASZEJ PANI

1. Nie odchodź daleko od domu.
2. Nie wychodź na ulicę.
3. Nie otwieraj drzwi obcym.
4. Zakładaj kask, gdy wybierasz się na rower.
5. Nie pływaj bez opieki starszych.
6. Chroń głowę przed słońcem. Zakładaj czapkę.
7. Nakładaj też krem na ciało.
8. Nie hałasuj! - Sąsiedzi chcą też wypoczywać.
9. Zwiedzaj z rodzicami świat, odwiedzaj Polskę.
10. **Czytaj polskie książki, bo znasz już wszystkie litery.**

MOJA PIERWSZA LEKTURA

Okulary

Julian Tuwim

Biega, krzyczy pan Hilary:
"Gdzie są moje okulary?"

Szuka w spodniach i w surducie,
W prawym bucie, w lewym bucie.

Wszystko w szafach poprzewracał,
Maca szlafrok, palto maca.

"Skandal! - krzyczy - nie do wiary!
Ktoś mi ukradł okulary!"

Pod kanapą, na kanapie,
Wszędzie szuka, parska, sapie!

Szuka w piecu i w kominie,
W mysiej dziurze i w pianinie.

Już podłogę chce odrywać,
Już policję zaczął wzywać.

Nagle - zerka do lusterka...
Nie chce wierzyć... Znowu zerka.

Znalazł! Są! Okazało się,
Że je ma na własnym nosie.

Rymowanki, wyliczanki i zabawy z kuferka babuni

Idzie rak, nieborak,
jak uszczypnie
będzie znak.

Siała baba mak,
nie wiedziała jak.
Dziadek wiedział,
nie powiedział,
a to było tak.

Raz, dwa, trzy, cztery
idzie sobie Hackelbery.
Za nim idzie misio Jogi,
co ma strasznie krótkie nogi.
Raz, dwa, trzy -
wychodź ty!

Entliczek pentliczek
czerwony stoliczek,
na kogo wypadnie,
na tego bęc!

Mam chusteczkę haftowaną,
co ma cztery rogi.
Kogo kocham, kogo lubię
rzucę mu pod nogi.
Tej nie kocham,
tej nie lubię, tej nie pocałuję,
a chusteczkę haftowaną tobie podaruję.

Baloniku mój malutki,
rośnij duży, okrąglutki.
Balon rośnie, że aż strach,
przebrał miarę - no i trach!

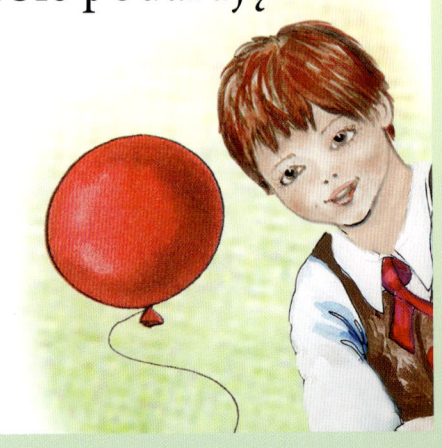

WAŻNE WYDARZENIA W ŻYCIU PIERWSZOKLASISTÓW

Wybór wierszy okolicznościowych

ŚLUBOWANIE PIERWSZOKLASISTÓW

- Przyrzekam być dobrym uczniem polskiej szkoły i dbać o jej dobre imię.
- Przyrzekam, że swym zachowaniem i nauką będę sprawiać radość rodzicom i nauczycielom.
- Przyrzekam, że będę zawsze dobrze przygotowana/ny do lekcji.
- Przyrzekam, że będę dobrą koleżanką, dobrym kolegą dla wszystkich.
- Przyrzekam, że będę się uczyć, jak kochać Polskę, jak o niej pamiętać i jak dla niej żyć.

Szkoła dziś zawrze z nami przymierze,
ale wcześniej przyrzec musimy szczerze,
że uczyć się będziemy starannie,
zachowywać nienagannie.

Że będziemy zawsze i bez przerwy
dbać o naszej pani nerwy.
I gdy taka umowa powstanie,
wtedy ważne będzie ślubowanie.

Chociaż każdy z nas w tym kraju
Czuje się jak w wodzie ryba,
Lecz ma w sercu kraj rodziców,
Nie zaprzeczysz tego chyba.

Polska krew w nas płynie,
Polskie serce bije,
Polska mowa jest nam bliska,
Choć w obcej krainie.

Bo piękna ta nasza mowa,
Którą od dziecka znamy.
Dbać o nią zawsze będziemy,
Bo mocno ja kochamy.

Piękny jest kraj nasz nad Wisłą,
Bałtyku fala złocista,
Piękny jest biały orzeł
I flagi naszej biel czysta.

Piękna jest naszej flagi
Zarówno biel, jak i czerwień,
Więc przyrzekamy dziś Polskę
Kochać szczerze i wiernie.

ŚWIĘTY MIKOŁAJ I CHOINKA

Cały długi rok czekamy, cieszymy się wszyscy,
Chcemy Ciebie w klasie witać, w dzień ten uroczysty.
Dobry święty Mikołaju, wiedz, że dzieci Cię kochają!
Usiądź sobie między nami, obdarz dzieci prezentami.

Siedzi z nami dobry święty, uśmiecha się wkoło.
Grzecznym dzieciom biją dzisiaj serduszka wesoło.
Niesie w dużym worku słodyczy bez liku,
Pełno będzie dzisiaj w klasie radości i krzyku.

Wieczór Mikołajowy *D. Gellner*

Biały śnieżek, biały, grudniowy
Piękny wieczór, wieczór Mikołajowy
Paczki, paczuszki, woreczki
Papier, sreberka, wstążeczki
Z paczek lalki i misie wystawiają nosy
Śmieją się do dzieci... O, słychać ich głosy!

Mikołaj *H. Szal*

6 grudnia - jak dobrze wiecie
Święty Mikołaj chodzi po świecie.
Dźwiga swój worek niezmordowanie
I każde dziecko prezent dostanie.

Dla Asi ma piłkę, dla Bartka sanki
I figurówki dla naszej Zuzanki.
Kasi książeczkę da z obrazkami
I lalkę Barbie z ubrankami.

Dla Krzysia ma czapkę i rękawiczki
Bliźniakom z Płocka da dwa szaliczki.
A dla Jędrusia z Zakopanego
Ma narty i piękne klocki Lego.

A kiedy rozda już prezenty
Wraca do nieba uśmiechnięty.
Choć może czasem przykro świętemu
Że nikt prezentów nie daje jemu.

MALUJEMY PISANKI

Święta, święta wielkanocne, jak słonecznie, jak radośnie!
Już zielono na trawniku, już tulipan w wazoniku.
Słonko do nas się uśmiecha, na podwórku na nas czeka.
Oj, poczekaj na nas słonko, w ten słoneczny ranek
Malujemy dziś jajeczka, cały stos pisanek.

Słońce mocno grzeje
Ciepłe już poranki
A my, z naszą panią
Robimy pisanki.

Pisanki, kraszanki
Jajka malowane
Smutne byłyby święta
Bez naszych pisanek.

Jaś maluje jajkom oczy, czoła, noski małe
Staś kurczaka klei z waty, niestety, niedbale.

Ania bazie robi z bielutkiej bibułki,
Maja przyozdabia w naszej klasie półki.

Chce tam poukładać wszystkich dzieci cuda,
A ja sobie myślę: Mai to się uda!

Już gotowe pisanki, jajka kolorowe
Na nich różne cuda, bajki pisankowe.

Na jednych kogucik, a na drugich słońce,
Na Zosi jajeczku zajączki tańczące.

Potem nasze pisanki, zajączka, baranka
Zaniesiemy do kościoła! - powiedziała Majka.

Zaniesiemy też kiełbaskę, babkę oczywiście,
Ksiądz poświęci nam koszyczek mocno, zamaszyście.

Podzielimy się jajeczkiem w świąteczne śniadanie.
Miłe będzie dzieciom rodzinne spotkanie!

109

LEKCYJNE PIOSENKI *z płyty*

1. Hymn pierwszoklasistów
(sł. M. Pawlusiewicz, J. Karoń)

1. W polskiej szkole radość dzieci i pełnia zachwytu,
   bo śpiewają i czytają w ojczystym języku.

ref. Wszyscy są szczęśliwi w naszej polskiej szkole,
   tańczymy, śpiewamy stojąc w jednym kole.

2. Gdy masz czasem chmurną minkę wiedz, że słoneczko świeci,
   a na ciebie w polskiej szkole mnóstwo czeka dzieci.

ref. Wszyscy są ...

3. Gdy za oknem czasem śpiewa deszczowa muzyka,
   weź parasol, dziarską minę i do szkoły zmykaj.

ref. Wszyscy są ...

4. Gdy po szkole się żegnamy znowu do soboty,
   to przez tydzień nie tracimy do szkoły ochoty.

ref. Wszyscy są ...

3. Kolorowe kredki *(sł. W. Badalska)*

Kolorowe kredki
w pudełeczku noszę.
Kolorowe kredki
bardzo lubią mnie.
Kolorowe kredki
kiedy je poproszę,
namalują wszystko,
to co chcę.

1. Namaluję domek
   i na płocie kota,
   i wesołe słonko
   na pochmurne dni.
   A gdy w kosmos lecieć
   przyjdzie mi ochota,
   prawdziwą rakietę
   namalują mi.

   ref. Kolorowe kredki .....

2. Kiedy jestem smutny
   zawsze mnie pocieszą,
   siadamy przy stole
   i one, i ja.
   Malują cudaki:
   małpkę taką śmieszną,
   słonia na huśtawce
   i w rakiecie lwa.

   ref. Kolorowe kredki .....

6 Miała baba koguta *(ludowe)*

1. Miała baba koguta, koguta, koguta
wsadziła go do buta, do buta, siedź!
O mój miły kogucie, kogucie, kogucie
kogucie, kogucie, kogucie jakże ci tam
w tym bucie, w tym bucie, w tym bucie
w tym bucie jest?

2. Miała baba indora, indora, indora.
Wsadziła go do wora, do wora, siedź!
O mój miły indorze, indorze,
indorze, indorze, indorze, indorze,
jakże ci tam w tym worze, w tym worze,
w tym worze, w tym worze jest?

3. Miała baba kokoszkę, kokoszkę, kokoszkę.
Wsadziła ją w pończoszkę, pończoszkę, siedź!
Moja miła kokoszko, kokoszko, kokoszko,
kokoszko, kokoszko, kokoszko,
jakże ci tam w pończoszce, w pończoszce,
w pończoszce, w pończoszce jest?

7 Ogórek *(sł. D. Gellner)*

1. Wesoło jesienią w ogródku na grządce.
Tu ruda marchewka, tu strączek,
tu dynia jak słońce, tam główka sałaty,
a w kącie ogórek wąsaty.

ref. (2x) Ogórek, ogórek, ogórek,
zielony ma garniturek i czapkę i sandały,
zielony, zielony jest cały!

2. Czasami jesienią na grządkę w ogrodzie
deszczowa pogoda przychodzi.
Parasol ma w ręku, konewkę ma z chmur
i deszczem podlewa ogórki.

ref. (2x) Ogórek, ogórek, ogórek...

8 Zima *(sł. autor nieznany)*

1. Jedzie pani Zima
na koniku białym,
spotkały ją dzieci,
pięknie powitały.

2. Droga pani Zimo
sypnij dużo śniegu,
żeby nam saneczki
nie ustały w biegu.

9 Mikołaj
(sł. autor nieznany)

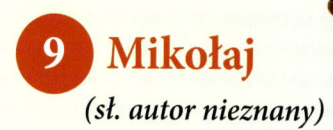

1. Idzie dobry święty
z długą, siwą brodą,
a dwaj aniołkowie
pod ręce go wiodą.

2. Idą coraz prędzej
toż to radość będzie,
pewnie dobry święty
znajdzie dzieci wszędzie.

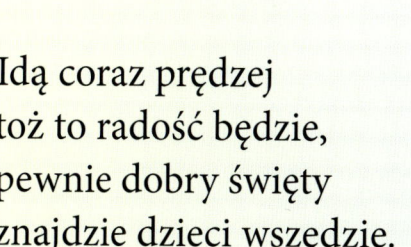

111

11 Wianek *(sł. J. Chrząszczyńska)*

1. Rosną sobie kwiatki na łące,
   na łące, na łące,
   maki, chabry
   i rumianki pachnące.

2. Nazbieramy kwiatków,
   kwiateczków, kwiateczków,
   nazwijamy, nasplatamy,
   wianeczków.

3. Zaniesiemy mamie
   te dary, te dary,
   uściskamy, upieścimy
   bez miary.

14 Tato, już lato *(sł. J. Warecka)*

1. Tato, już lato! –
   będziemy lody jeść.
   Tato, już lato! –
   do wody można wejść.

2. Bo kiedy ciepły dzień,
   to skacze nawet leń,
   więc pora, pora wstać
   i pobiec, pobiec w świat.

3. Tato, już lato! –
   będziemy trawę rwać.
   Tato, już lato! –
   na piasku można spać.

4. Do lasu można iść,
   przez słomkę colę pić,
   więc pora, pora wstać
   i pobiec, pobiec w świat.